サッと作れる
アルバイト・パートの賃金・退職金制度

特定社会保険労務士 三村正夫 著

経営書院

はじめに

　この本を手に取られた社長さんや、人事担当者の方に深く感謝申しあげます。

　この本を読んでいただいて、アルバイト・パートさんへのこれまでの認識を変えていただき、アルバイト・パートさんこそ金の卵であると思えるようになっていただければ幸いです。

　社長さんや人事担当者の方にお伺いいたします。アルバイト・パートさんの賃金というとほとんどが職安などの求人データをみてアバウトに時給900円とか1,000円とか決定して来られたのではないでしょうか？　おそらくこれが多くの会社の実態ではないかと思います。ましてや退職金制度などについては、アルバイト・パートさんは対象外だったのではないかと思っています。

　いまや、日本の企業の2012年の非正規雇用の雇用者数は1,813万人です。全雇用者に占める割合は35.2％に達しています。この非正規雇用者のうち、アルバイト・パートさんは1,241万人にもなっています。

　いかがでしょうか？

　これまで日本の賃金や人事制度はそのほとんどがいわゆる正社員の賃金・人事・退職金制度などのことに対する取り組みが大部分ではなかったかと私は思っています。私は社会保険労務士の仕事を日常的に取り組んでいますが、パートさん

に退職金制度など採用している会社はまだ聞いたことがありません。

　以上の観点から、アルバイト・パートさんの比較的簡単な、客観性のある賃金の決め方、また従来からの何年勤続したら退職金いくらかといった考えではなく、今までになかったまったく新しい仕組みとして月額加入比例方式（三村式退職金制度）というものを考えました。いたってシンプルで、だれでも自分の退職金が理解できます。

　これらの制度設計は、アルバイト・パートさんのモチベーションアップにも必ず連動してくる取り組みではないかと思っています。

　現場で一番顧客と接する機会の多いアルバイト・パートさんの励まし育成こそ、全雇用者の約4割にもなろうとしている、日本の労働市場を活性化する起爆剤の一つになってくるのではないかと思います。

　いままで、アルバイト・パートさんに焦点をあてた賃金・退職金の本もほとんどありません。

　この本を読まれたならば、同業他社との、アルバイト・パートさんの活用の差別化になってきます。他社への労働力の流失のリスク回避にもつながってくるものと確信しています。そういった点でも、少しでもお役に立てたら幸いです。

目　次

- はじめに

プロローグ：アルバイト・パートさんに賃金・
　退職金制度は必要か？……………………………7
　1．アルバイト・パートさんとは？その生産性とは？……7
　　（ディズニーランド・マクドナルドの成功）
　2．職能資格制度のような、複雑な賃金制度は
　　ナンセンス……………………………………13
　3．アルバイト・パートさんの有効活用こそ
　　ライバルとの差別化戦略！…………………14

1章　ランチェスター戦略からみた賃金・退職金制度の
　　役割……………………………………………16
　1．ランチェスター法則とは…………………16
　2．ランチェスター戦略からみた、アルバイト・
　　パートさんの賃金・退職金制度などのウエイト……19
　3．アルバイト・パートさんもお客様からみれば、
　　社員と同じ……………………………………23

2章　アルバイト・パートさんの賃金の相場はあるのか……27
　1．賃金制度はアルバイト・パートさんにも必要か？……27
　2．職安の求人のケース、民間調査会社のケース、
　　賃金構造基本統計調査のケース……………30

3．地方・首都圏など地域によって賃金制度に違い
　　はあるか……………………………………………42
　4．事業の大きさ・形態（チェーン店、小規模な
　　お店）などによる違い……………………………47
3章　アルバイト・パートさんの賃金の決め方………50
　1．賃金を決める際の目安にするべき心構えと指標……50
　2．世間相場連動型基本給という新しい考え方………52
　3．アルバイト・パートさんを大きく3分類に分け
　　る……………………………………………………60
　4．賃金以外のコストはいくらか……………………66
　5．会社が経営不振のときのアルバイト・パートさん
　　の賃金減額、昇給の仕組みについて………………70
　6．昇給、賃金以外の報酬などの仕組みはどうすれ
　　ばいいか……………………………………………75
　7．世間相場連動型基本給の決定のステップとその
　　流れ…………………………………………………79
　8．これからのアルバイト・パートさんの雇用には
　　雇用契約書は不可避…………………………………93
4章　アルバイト・パートさんの分かりやすい
　　退職金制度（三村式退職金制度・MTS）…………98
　1．アルバイト・パートさんの分かりやすい
　　退職金制度（三村式退職金制度・MTS）…………98

2．まったく新しい月額加入比例方式の退職金の
　考え方（三村式退職金制度・ＭＴＳ）………… 102
3．有期契約の期間満了と契約更新における
　月額加入比例方式の独自の考え方………………… 109
4．この退職金制度であれば、退職金の積立制度ま
　で考えなくてもいい………………………………… 111
5．アルバイト・パートさんが退職後も、あなたの
　会社の応援団になる………………………………… 112

5章　賃金制度と退職金制度の連動……………… 116

1．マズローの欲求5段階説とは何か………………… 116
2．アルバイト・パートさんこそ退職金制度に敏感
　です…………………………………………………… 120
3．時給による賃金制度が最も分かりやすく合理的
　な賃金の決め方……………………………………… 121
4．退職金が簡単に計算できる合理的な決め方……… 123
　　（1カ月勤務すれば5,000円、10年・120カ月分
　　で60万円など）
5．時給（世間相場連動型基本給）・月額加入比例方
　式（三村式退職金制度・ＭＴＳ）で、アルバイト・
　パートさんの雇用管理（シンプルで分かりやすく
　モチベーションも上がる）………………………… 128
6．世間相場連動型基本給と三村式退職金制度・
　ＭＴＳの具体的事例………………………………… 133

6章　アルバイト・パートさんの正社員への転換について……139
 1．アルバイト・パートさんの雇用管理は正社員になりたいと思わせる仕組み、視点が重要……139
 2．正社員移行時に、アルバイト・パートの退職金は、正社員の退職金制度に組み入れる……142
 3．研修や正社員移行時に活用できる助成金の有効活用も検討……143
 4．パートタイム労働法とはどういうものなのか……146
 5．日本は労働力不足の時代が目の前にきている。アルバイト・パートさんこそ金の卵……160
まとめ……162
巻末資料……165

書籍コーディネート
　インプルーブ　小山睦男

プロローグ

アルバイト・パートさんに賃金・退職金制度は必要か？

1 アルバイト・パートさんとは？その生産性とは？（ディズニーランド・マクドナルドの成功）

　社長さん、アルバイト・パートさんとはなにか真剣に考えられたことがありますか？　わかりきっているので、いまさら真剣に考えたこともないと思います。現在日本の社会ではアルバイト・パートさんなどの非正規雇用者が全雇用者の約4割も占めてきているようです。ところが、貴重な日本の労働力に関わらず、意外とその処遇はないがしろにされてきているケースが多いのではないかと思っています。厚生労働省の調査によれば、次頁のグラフからも分かりますがアルバイト・パートさんなどの非正規雇用者は労働者全体の3分の1を超え、過去最高の水準になっているようです。

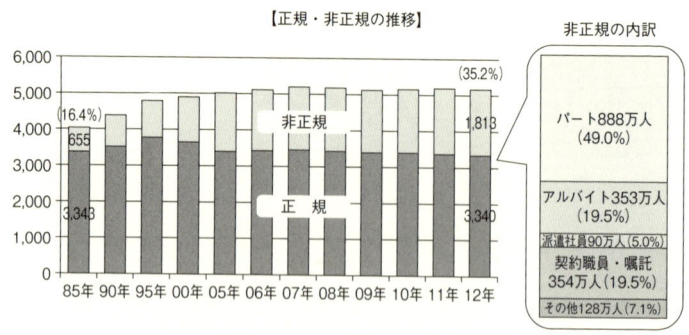

　そこで、今一度この貴重な労働力であるアルバイト・パートさんの雇用というものを、賃金などの労務管理の視点から、考えるきっかけの一つになれば幸いと思っています。難しいビジネス書を読まないと理解できないようなことを論じる気はありません。そのような議論は学者のお話であり、この本はズバリ、ビジネスとしてのアルバイト・パートさんの賃金などの労務管理というものを考えていきたいと思っています。

　日本国語大辞典（小学館）ではアルバイト・パートとは以下のよう意味があるとなっています。

　アルバイト　学生が、学業のかたわら従事する仕事や、社会人が本業のかたわら行う内職。また、それをする人。

　パートタイマー　正規の就業時間に関係なく、臨時にある一定の短時間だけ勤める人。

プロローグ　アルバイト・パートさんに賃金・退職金制度は必要か？

　この日本国語大辞典からも、アルバイトとは学生などが、する仕事としています。学生というのは学校を卒業する際には、その雇用は終了しますので、労務的な視点からは短期更新型（更新回数が決まっている）の有期労働契約といえるのではないかと思います。一方パートとは更新回数が比較的定まっていない中長期更新型の有期労働契約ともいえるのではないかと思います。

　いかがでしたでしょうか？アルバイト・パートさんの意味合いがご理解できましたでしょうか？

　このような意味合いからも、経営者の視点からみると、アルバイト・パートさんに対する処遇がないがしろにされやすい傾向になってきているのではないかと思います。

　しかしながら、お客様の視点でみれば、どうでしょうか？社長さんコンビニに行って、店員の態度が悪ければどうですか？もう2度とこんな店にくるものかなんて思ってしまうのが、人間の常ではないでしょうか？そうなんです。使用者からみればアルバイトさんでも、お客様目線でみればあなたの会社の全ての評価になってしまうのです。

　私が、日常の社会保険労務士の業務で、様々な会社を訪問しますが、意外とお客様との接点が一番多い職種がアルバイト・パートさんのお仕事ではないかと思います。

　ですから、このアルバイトさんの一回の新規顧客との応対が悪ければ、それは、そのことに留まらずに、会社全体の評

価につながってしまうということなのです。

　この現実を考えるならば、アルバイト・パートさんだからといった考え方は改めなければならないし、処遇の面でも十分考慮しなければならないのではないかと思います。又アルバイト・パートさんの中には素晴らしいビジネスキャリアを持ちながら、子供さんの関係上やむなく短時間労働でしか働けない優秀な人材もいっぱいいるのです。

　ところで、ディズニーランド、マクドナルドはご存知のように、大半がアルバイトです。そして、それが世界に冠たる企業の一角となっています。このように言うと、あの会社は大企業でうちらのような会社とは別物なんだと、思われている社長さんが大半ではないかと思います。

　たとえばディズニーランドは全従業員の約9割がアルバイトで1年間で約1万8千人いるアルバイトのうち半分近く9,000人くらいが退職していくそうです。そのため、1年に3回くらい3,000人近くのアルバイトを採用しているということです。なんと9割がアルバイトなんです。

　社長さんも一度や二度はいかれたことがあると思います。私も昨年ディズニーランドに行った時に、急にクツずれになったのでバンソウコウありませんか？と何気なく従業員さんにお聞きしたところ、わざわざ遠いところまで行って持ってきてくれたのには感動でした。何故そこまでしてくれるのか不思議でした。このような体験を一度経験すると、やはり

プロローグ アルバイト・パートさんに賃金・退職金制度は必要か？

また行ってみたいと思うものです。ディズニーランドは売上の9割はアルバイトで売り上げているともいえるのではないでしょうか？

次にマクドナルドについて考えてみたいと思います。マクドナルドもご存知のように大半がアルバイトです。マクドナルドが世界中に広まっていったのは、マクドナルドは店を増やしたのではなく、世界中に人を育てたからだとも言われています。たしかに、うちの息子もマクドナルドにアルバイトに行っていますが、息子に話を聞くと学歴、人種など全く関係のない、マクドナルドの人事戦略には感心するものがあります。創業者のレイ・クロックは次のように語っています。
「人は誰でも幸福になる資格があり、幸福をつかむかどうかは自分次第、これが私の信条だ」
　　（成功はゴミ箱の中に　プレジデント社）
この信条が現在のマクドナルドにも生き続けているのではないかと思います。マクドナルドもディズニーランドと同様アルバイトで9割の売上を上げているのではないかと私は思っています。

いかがでしょうか？ともすれば、中小企業では、アルバイト・パートだからといって、真摯な取り組みがあまりされてきていないのが、ほとんどの中小企業の社長さんがたの率直な感想ではないかと思いますが、ディズニーランド・マクドナルドの事例を考えれば、そんな考えは改めなくてはいけな

11

いことだと、ご理解いただけたのではないかと思います。

　また、私が社会保険労務士の仕事をする中で、実感することの一つとして、顧問先の病院の労務の実態が分かるにつれて、益々、近年医療の現場では、看護師不足が深刻な問題になってきていると感じてきています。

　なかでも入院患者を受け入れるベットのある病院、診療所などは24時間体制の業務が余儀なくされているため、「夜勤」「深夜勤務」などが重なり過酷な労働条件になりやすい職場の一つになっているようです。このようなこともあり、だんだん看護師のなり手が今日の日本では不足してきているのではないかと思います。

　たしかに、私の顧問先の病院も夜勤・残業などその労働実態は一般の会社からみれば過酷かなと思えなくもないと思います。

　このような中で、看護師不足を補うのに看護師の資格を持っているが、仕事が大変だから今は仕事をしていないといった主婦や、もと看護師の年配のOBのかたなどに週に2・3日とか、毎日3時間勤務などといった多様な短時間勤務（パート）の働き方の導入や、看護師資格をもたなくてもできる看護補助者などの積極的なパートさんでの活用は、過酷な勤務時間の緩和対策にも繋がってきますし、やがてそのことは、職員が有給休暇を取得しやすい、働きやすい職場へ変化していく原動力になってくるのではないかと私は思いま

プロローグ アルバイト・パートさんに賃金・退職金制度は必要か？

す。

　このような、パートさんの積極的な雇用対策は、今の日本の医療現場の看護師不足の対策にもなるし、やがてそれは、日本の医療現場の質の向上にもつながってくるのではないかと思っています。

　この事例のように、アルバイト・パートさんの多様な有効活用は社会的にも今後益々大変意義のある取り組みになってくるのではないかと思います。

2 職能資格制度のような、複雑な賃金制度はナンセンス

　前節で、処遇を考えると話しましたが、それではどのようにすればいいのかです。ある程度の会社になると正社員については人事制度に職能資格制度などを導入して、賃金の昇給などのことを制度化していますが、私は、何百人もアルバイト・パートさんがいる会社は別としてそこまでの、人事制度の導入までは必要はないのではないかと考えます。

　何故なら、正社員と違っていつまで勤務してくれるか予測がつかないと思われます。従って長期雇用を前提とした、職能資格制度の導入には無理があるものと思います。

　私はアルバイト・パートさんであれば大半が正直時給がいくらかが重要な視点ではないかと思います。ですから昇給な

どの資格制度ではなく、時給の決め方を会社の意思が反映できるような形にするべきではないかと思います。

アルバイト・パートさんと言っても色々なケースの人たちがいるわけです。こんな仕事をしてみたかったなどありますが、お金の条件できている方が多いのではないかと思います。このような視点に立つと漠然と時給を決めるのではなく、当社は業界の平均より50円水準が高いですよなどと、他社との差別化できることを考えるべきではないかと思います。また、私は時給に敏感なアルバイト・パートさんにこそ退職金制度などの検討も面白いのではないかと思います。この退職金制度の詳細については、のちほど解説したいと思います。

3 アルバイト・パートさんの有効活用こそライバルとの差別化戦略！

社長さんあなたの会社のアルバイト・パートさんは何人おられますか？　2・3人の会社から50人・100人の会社まで様々なケースがあると思います。私が思うに、不思議とアルバイト・パートさんの雇用管理は企業規模に関わらず、あまり相違していないように思います。

現に私のお客様の会社でも、ほとんど同じような労務管理が行われています。面白いのは正社員であれば、あなたは基本給20万円とか25万円とか決めますが、アルバイト・パート

プロローグ アルバイト・パートさんに賃金・退職金制度は必要か?

さんは一律時給800円とか1,000円とか、あまり格差がないのも特徴かと思います。

　それは何故か経営者があくまでも、臨時、補助的な仕事であると思い、真摯にアルバイト・パートさんのことを理解しようとしないからではないかと思います。パートさんでも2名いればその賃金は正社員の賃金と変わらないコストがかかってくるわけですから、正社員と同じようにその処遇も考えなければ、いけないのではないかと思います。

　このように考えると、私はアルバイト・パートさんの労務管理をパートさんという名称ではなく、例えばフレッシュ職員など名称を工夫するだけでも意識は変わってくるのではないかと思います。このように他社よりも何か一歩工夫するならば、他社との差別化になり、やがて会社の売り上げに必ずつながってくるものと思っています。

5分ノート

　日本の労働市場の約4割近くを占めるアルバイト・パートさんだからこそ、賃金・退職金制度は東京ディズニーランドやマクドナルドのアルバイトの方の活躍を見ても明かなように必要性が日々増してきており、アルバイト・パートさんの雇用の改善は今後他社との差別化戦略にもなってくる。

1章

ランチェスター戦略からみた賃金・退職金制度の役割

1 ランチェスター法則とは

　この章では、経営の世界でよく活用されているランチェスター法則によるランチェスターの戦略からアルバイト・パートさんの経営全体の中でのウエイトについて考えてみたいと思います。

ランチェスターの法則とは下記の法則です。
（競争の法則、戦闘における力関係）
　第一法則　一騎打戦の法則
　　（攻撃力＝兵力数（量）×武器性能（質））
　第二法則　間隔戦の法則
　　（攻撃力＝兵力数の二乗（量）×武器性能（質））

1章　ランチェスター戦略からみた賃金・退職金制度の役割

二乗がポイント　兵力数10対6は100対36の攻撃力に、格差は広がり続ける

この法則はイギリス人のランチェスター先生が、戦闘における力関係を考察して、上記の内容の法則を技術雑誌に1914年に書いた記事からスタートしてきました。今では、いろいろな場面特に中小企業の会社の経営の世界でこの競争の法則が多く活用されています。日本では竹田陽一先生がランチェスター戦略をさらに分かりやすく分析して説明されて、本なども多数出版されています。

この本の読者の社長さんも一度は竹田先生のことは聞いたことがあるかたも多いのではないかと思います。

一般的に第一法則は中小企業の戦略（いわゆる業界で1位以外の会社がとる弱者の戦略）、第二法則が大企業がとる戦略（いわゆる業界で1位の会社がとる強者の戦略）と考えれば分かりやすいのではないかと私は思います。

この弱者・強者という表現が気に食わないという方もおられますが、ランチェスター法則を理解しやすくするために表現しておりますのでご理解のほどお願いいたします。

第一法則の戦略を活用するか、第二法則の戦略を活用するかは、その競争相手との力関係を考えてその都度選択して実施すれば、最も効果的な結果が期待できるものと私は思っています。その代表的な事例として歴史的にみれば、かつての戦国時代の若武者織田信長の話が分かりやすいと思います。

桶狭間の合戦で勝利したことは、あまりに有名な話ですので社長さんもご存知かと思います。この勝利の戦略がまさにランチェスターの法則の一騎打ち戦そのものではないかと私は思っています。相手方の今川義元の約2万5千人の大群に対して、信長は約3千人の兵隊で、今川義元のちょっとしたすきを狙って奇襲して勝利しています。もし、信長が第二法則の間隔戦の戦略で、真正面から正面衝突して戦ったならば、完敗していたと思います。まさしく局地戦における、一騎打ち戦の戦い方で勝利したともいえるのではないかと思います。そもそも織田信長はこのようなランチェスター法則など知る由もないと思います。しかし、彼は本能的な勘で自然とこの闘いの戦略を実行したのだと思います。

　この法則は、労務の世界でも十分応用のできる考え方であると思います。従業員100人未満の会社ということであれば、考え方の選択肢は第一法則の一騎打ち戦の法則の応用になってくると思います。賃金・退職金制度というと、職能資格制度とか、賃金表とか、ポイント制退職金制度など様々な取組みが連想されてきます。

　私はこのような取り組みはいわゆるランチェスター法則の視点から考えれば、多くは強者の間隔戦の取り組みになってくるのではないかと考えます。

　それでは、弱者の戦略の一騎打ち戦の取り組みとは具体的にどのようになるのかと多くの社長さんは思われたと思いま

す。私は、従業員100人未満の会社では、アルバイト・パートさんの労務対策は職能資格制度とか賃金表のようなものもいらない、シンプルで単純なシステムを考えることではないかと思います。従業員100人未満の会社が、大会社のような複雑な賃金・退職金制度を導入することは、聞こえは良いですが、軽4の自動車のエンジンで大型の車を動かすようなものです。

従って、従業員100人未満の会社はアルバイト・パートさんの賃金・退職金制度は画一化しないで、一対一の個別対応の考え方が必要になってくると思います。

2 ランチェスター戦略からみた、アルバイト・パートさんの賃金・退職金制度などのウエイト

社長さん、賃金・退職金制度のことを考えるには、ランチェスター経営で有名な竹田陽一先生が提唱されているように、経営の全体図をまず理解する必要があると思います。経営の全体図は、営業関連（53％）・商品関連（27％）・組織関連（13％）・財務関連（7％）のウエイト付けで考える必要があると私は思っています。

これも人間の体に置き換えてみればよく分かる話で、頭であったり、手であったり、足であったりと、どの体の部分もなくては駄目であり、人間の体には必要な要素です。

「経営の構成要因」

①地域、客層、営業方法、顧客対応	53.3%	営業関連　80%
②商品、有料のサービス	26.7%	
③人の配分と役割分担	13.3%	手　　段　20%
④資金の配分と調達	6.7%	

　この中で営業関連と商品関連の合計が経営全体の8割にもおよぶことを理解しなければなりません。多くの様々なコンサルタントの方が、幹部社員研修や従業員のモチベーションアップの研修とか、社内をもっとIT化しましょうとか、そうすれば会社の業績を上げられますよということで切り込んできます。確かにどれも必要であると思い、つい多くの社長さんはやるべきかどうか悩んでしまっているケースが多々あると思います。しかしながら、多くの会社でお聞きすることは、研修後数日間は効果があったように思うが、その後は以前と変わらないといったお話が多いのです。やはり、このことを考える上で一番重要なことは、「今は財務を見直しする必要がある」とか、「従業員のやる気作りの研修がポイントである」等という課題は、経営の全体図から優先順位が見えてくるということだと思います。このことの理解が大前提ではないかと私は思います。

　例えば、商品関連が、27％以上の効果を上げているのであれば、その他の戦略を考えるべきであると思います。

1章　ランチェスター戦略からみた賃金・退職金制度の役割

　このような視点で見ていくならば、賃金・退職金制度などは、前記の経営の全体図からみれば、組織関連③の中に該当します。比重で考えるのであれば、13％なのです。

　このようなウエイト付けを頭においてアルバイト・パートさんの賃金・退職金制度をその他の要因との関連性のなかで運用していくことが重要であると思っています。

　この考えが合っているかどうかといわれれば、なんとも言えませんが、少なくともわたしの知る限り従業員100人未満の会社であれば経営の全体図は、先程のランチェスターの法則から導きだされたものが、最も合っていると言えるのではないかと思います。何故なら、様々な会社でその証明がなされており、十分信頼できる経営哲学であると思うからです。

　その証拠に現在では多くの中小企業の社長さんにランチェスター法則は知られてきています。先程の経営の構成要因のウエイト付けを考えると、いかに立派な賃金・退職金制度、職能資格制度を作成しても、経営の全体図から分析すれば、思うほど期待できるものではないことをご理解していただけるのではないかと思います。ですから、多くのコンサルタントが賃金・退職金制度を改革して、従業員さんのモチベーションが上がれば、業績も上がるというのは、私は多少とも言いすぎなのではないかと思います。上がれば良いですが、ほとんどがそのようになったとお聞きしたことはありません。仮に上がるということであれば、多くの社長さんは会社経営に

21

苦労せず、コンサルタントに賃金・退職金制度を改革してもらえばいいことになってきます。

　いかがでしょうか？私は従業員100人未満の会社は社長の采配で9割以上会社経営は決まると思っています。ただし、ウエイトが低いからといって、疎かにしていいと言っているのではありません。先にも言いましたが、企業は人間の体と同様に、血糖値が高いのを放置すれば、やがて糖尿病になっていく可能性が十分あります。また、高血圧を放置しておけば、様々な影響が人体に出てきます。その分同業他社からみれば遅れを取ってしまいます。また、大きな病気にもなりやすくなります。ですから、アルバイト・パートさんといえども賃金・退職金制度も重要であるのです。

　そう考えると、全てが会社経営では必要であり、重要であるということです。ポイントは、その会社のウエイト・バランスをしっかり見ることかと思います。この本の読者である社長さんは、「そんなバカなことはない、もっと比率は高い」との反論もあるかと思いますが、私の経験では間違いないと最近益々確信する次第です。いかがでしょうか？社長さん、このことからも賃金・退職金制度はシンプルがベストだということが、ご理解いただけるのではないかと思います。その証拠に20名前後の会社が大会社のような職能資格制度を導入して実施したが、現在はまったく運用されていないといった話はよく聞きます。結局儲かったのは、高い報酬をもらった

賃金コンサルタントであったという話はよくあることです。私は賃金・退職金制度を導入するなと言っているのではなく、会社の規模により、大きく考え方は変わってくるのではないかということです。トヨタ自動車のような大企業であれば、それは、しっかりした賃金・退職金制度の導入は絶対に必要であると思います。私の主張は従業員100人未満の会社はランチェスター戦略の経営の全体図からみても、賃金・退職金制度などは出来るだけシンプルに行い、社長が何日も研修をうけなければ理解できないような制度は必要ないということです。とにかく、社長さんもアルバイト・パートさんも簡単に理解できる分かりやすい取組みが必要ではないかということです。

3 アルバイト・パートさんもお客様からみれば、社員と同じ

いかがでしょうか？社長さんの中には、アルバイト・パートさんはいつまで続くか分からないなどとの考えがあると思います。しかし、仮に御社で1名のアルバイトであってもお客様からみれば、正社員と同じなんです。このことをしっかり認識する必要があります。このような、お客様目線が重要であると思います。竹田先生は経営を考えるとき、社長さんの考える視線、目線を次のように考えるべきとお話されてい

「社長は４つの中心で経営を考える」

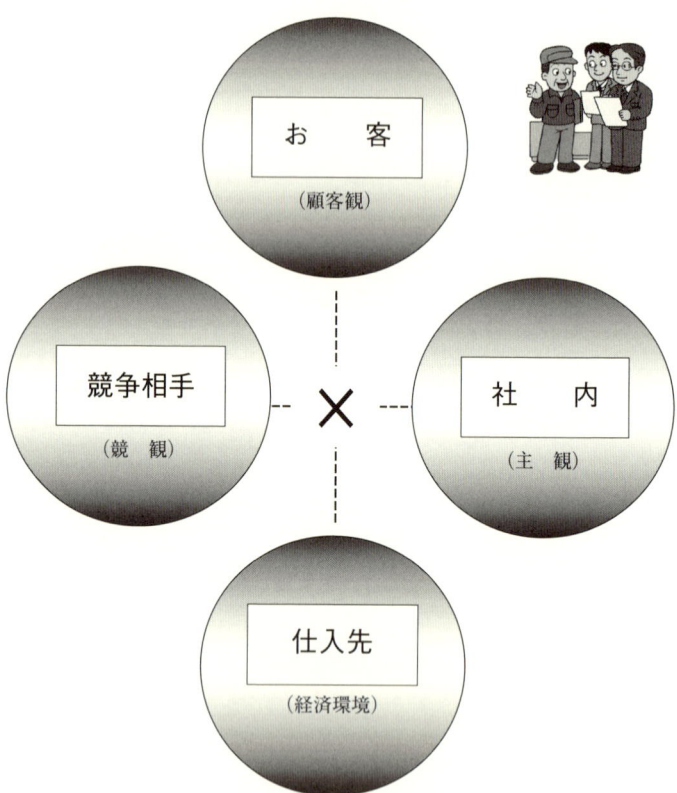

ます。
　いかがでしょうか？この×が社長さんの目線でなければないのです。この表からも、アルバイト・パートさんの対応が悪ければ、お客様はあなたの会社をライバル会社よりも評価

1章 ランチェスター戦略からみた賃金・退職金制度の役割

を下げてしまうことも十分理解できるのではないかと思います。また、アルバイト・パートさんだからと言って、真摯な処遇がなければ、この４つの視点の一つである社内も活性化してこないと私は思います。

また、このことを逆に考えるならば、アルバイト・パートさんの真摯な処遇と教育は、先ほどの４つの視点の一つである競争相手よりも、一歩先をいく経営ができるようになってくるのではないかと思います。

仮にあなたの会社のある店舗のアルバイトが社員１名も含めて３人で、一方近所のライバル店舗がアルバイトと社員１名も含めて５名の人員だとすれば、この人員の力関係は３対５で２名分しか負けていないと思っているかもしれませんが、実はランチェスター法則の第二法則（間隔戦）からみれば、その力関係は３×３＝９対　５×５＝25で力関係は２・５倍強も格差がついてくるのです。

いかがでしょうか？この対策としては、ランチェスター法則の第１法則（一騎打ち戦）を展開して経営をしていかなければならないのではないかと思います。じゃどのようにすればいいのかです。小売店舗であれば、顧客にハガキ戦略など顧客との接点に工夫（接近戦）をしていくなど様々な取り組みがあると思います。この本は賃金の本ですので、この本のテーマの一つであるアルバイト・パートさんの賃金などの処遇の対策により、ライバル店のアルバイト・パートさんより

25

もやる気のおきる組織店舗にしていくことについて考えていきたいと思っています。その結果あなたの会社の店舗の実力をアップさせて、ライバル店に一騎打ち戦で戦っていけるようにしていくべきではないか思います。そのようにしていけば、力関係は9対25ではなく、3対5の範囲内で戦っていけるのではないかと私は思っています。

　この事例のように、ライバルとの力関係はランチェスター法則の第二法則の間隔戦の二乗効果を考えて、ライバルとの戦い方を、第一法則の一騎打ち戦でいくか第二法則の間隔戦でいくかを考えて経営していくことが、非常に重要なことではないかと私は思っています。このような戦略の中で、アルバイト・パートさんの賃金・退職金制度を考えることは非常に価値のある取り組みの１つであると私は思っています。

5分ノート

　ランチェスター法則からも、アルバイト・パートさんの賃金・退職金規程はシンプルがベストであり、アルバイト・パートさんの雇用管理はランチェスター法則の第一法則の一騎打ち戦の戦い方に則っていくのが、重要な戦略の一つである。

2章

アルバイト・パートさんの賃金の相場はあるのか

1 賃金制度はアルバイト・パートさんにも必要か？

　社長さん正直アルバイト・パートさんにも賃金制度は必要と思いますか？いかがでしょうか。大半の社長さんはパートさんのことで賃金制度まで考える必要はないのではないかと思われたのではないかと思います。なかには正社員もそんな制度考えていないのにと思われているのではないかと思います。これが大半の中小企業の社長さん達の意見ではないかと思います。

　私はだからこそ、これをキッカケに考えることは、あなたの会社が他社との差別化がしやすくなるのではないかと思います。

　このことは前章で解説したランチェスター法則の第一法則

である一騎打ち戦を展開していくうえにも、必要な取り組みの一つであると私は思います。

それでは、具体的にどのような賃金制度にしていけば一騎打ち戦を展開しやすくしていけるかです。私は、アルバイト・パートさんであれば、基本的に長期雇用を求めるのが難しく、職種がある程度決まって雇用されるのであれば、入社後の昇給制度に重きをなすのではなく、入り口の初任給いわゆる時給の決め方に重点をおいた取り組みが必要ではないかと思います。

ではこの時給をどのように決めるかです。ほとんどの会社がこの入り口の時給は、職安や商工会議所のデータなどから、漠然と時給900円とか1,000円とか決定してきているのではないかと思います。

ここに正社員のように基本給20万円家族手当3万円職務手当2万円といった、きめ細かい賃金の決め方ではなく、パートさんたちは、一律時給900円1,000円なのです。はたしてこのような決め方でいいのでしょうか？このような決め方であれば、入社時点から私たちはパートですからという、意思でもって仕事をしていくことになってしまうと思います。社長さんあなたがこの立場であればどのように思いますか。ところが多くの会社では、パートさんが仕事のミスをすれば、正社員と同じように怒られるのです。いかがですか、日常的に日本の多くの社長さんは、都合の悪いときは怒り、挙句の果

2章 アルバイト・パートさんの賃金の相場はあるのか

てには、会社の売上がダウンすれば、最悪解雇してしまう訳です。考えてみれば、パートさん達は入社から退社まで、大事にされない方が多いような気がします。

日本の大事な労働力であるアルバイト・パートさんの賃金の決め方を工夫することは、このことからも非常に価値あることであると思います。

私は、「サッと作れる小規模企業の賃金制度」(経営書院 刊)の中で、世間相場連動型基本給という概念を提唱しています。この本は、正社員の賃金制度について考えたものでしたが、アルバイト・パートさんの賃金の決め方にも応用できると思いました。この考え方を、アルバイト・パートさんにも応用すれば、これまでの漠然とした時給の決め方とは格段の違いがあるのではないかと私は確信する次第です。

この世間相場連動型基本給とは、ズバリ、世間相場の裏づけのデータをもとに、賃金を決めていこうというものです。ですから、多くの大企業で採用されている職能資格制度からくる賃金表などから一律に賃金を決めていくといった考え方ではありません。あくまでも、業界・地域別からみた、世間の賃金相場から自社の賃金を決めていこうとする考え方であり、またこの世間相場から自社の賃金の決め方を工夫することが、アルバイト・パートさんの賃金制度を考えるうえで、一番重要なポイントではないかと思います。

2 職安の求人のケース、民間調査会社のケース、賃金構造基本統計調査のケース

　この節では、前節で世間相場からという話をしましたが、それでは世間相場を確認するにはどのようなデータがあるのかです。私は大きく分類すると次の三つのデータを参考にする方法があると思います。

その1　職安のデータ

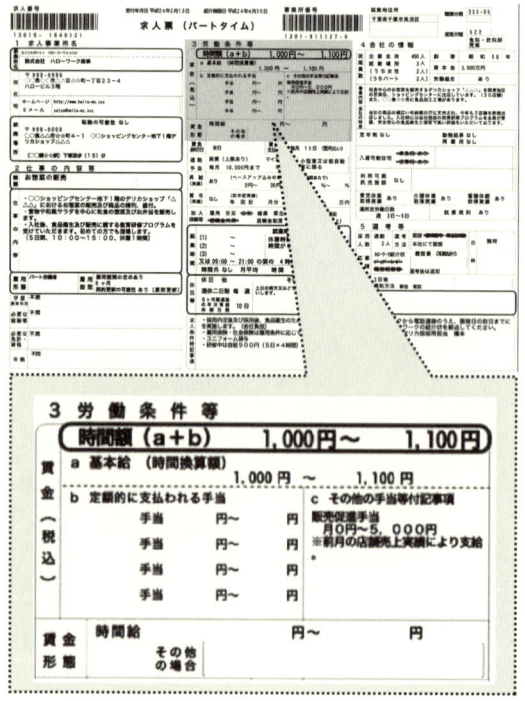

30

2章 アルバイト・パートさんの賃金の相場はあるのか

　社長さんハローワークで求人などをされたことがあると思いますが、賃金の項目は前記の職安の求人票のように時給1,000円から1,100円などとある程度含みをもたせて求人しているケースが多いと思います。また、ハローワークではなく、民間の業者広告で求人している会社も多く、実際に採用していくらの時給で採用したかは、なかなかつかめないのが実態かと思います。確かに、いろいろな会社の求人の内容を見ることは参考にはなりますが、アバウトなとらえ方しかできないのではないかと思います。

その2　民間会社などの公表データ

　民間会社の公表資料はインターネットで検索できますがその会社での応募のデータの集計であり、たしかに職種を指定すると、指定職種の時給などがわかる仕組みになっています。このようなデータ活用でもいいと思いますが、そのデータがどれだけ実態に合致しているかが一つの懸念するところではないかと思います。

その3　賃金構造基本統計調査のデータ

　賃金統計には、国税庁が毎年発表している「民間給与実態統計調査」や商工会議所が発表しているデータなど、無料で調べられるデータがあります。

　その中で私が注目して紹介するデータは、厚生労働省が1948年以来毎年実施している「賃金構造基本統計調査」(以後この本では賃金センサスと表現します)を活用したいと思い

ます。毎年これだけの賃金データを調査発表している国は、おそらく日本以外にはないと思います。日本の国民性があるから、これだけのデータが集められるのだと思います。社長さん、一度ヤフーで「賃金構造基本統計調査」または「賃金センサス」と入力して見ていただければ、その膨大なデータに驚かれると思います。素人目にはどうせ上場企業のデータしかないのではないかと思いがちですが、県別・従業員数別（10人以上100以上1,000人以上など）に年齢別の賃金や職種別の賃金・賞与・年収など豊富なデータが提供されています。その中で短時間労働者の職種別を見ていただければ次のデータをみることができます。日本のほとんどの職種の短時間労働者の1時間あたりの給与額が一目でわかります。

2章 アルバイト・パートさんの賃金の相場はあるのか

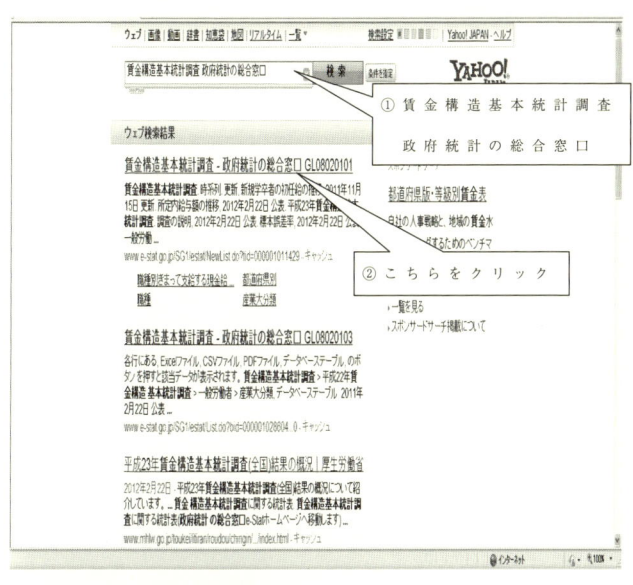

① 賃金構造基本統計調査 政府統計の総合窓口

② こちらをクリック

③ 「職種」をクリック

平成24年賃金構造基本統計調査

(短時間労働者)
職種別 第1表　　短時間労働者の職種別1時間当たり所定内給与額及び年間賞与その他特別給与額(産業計、企業規模計)

表頭分割	01
企業規模	企業規模計(10人以上)

区分	男 年齢	男 勤続年数	男 実労働日数	男 1日当たり所定内実労働時間数	男 1時間当たり所定内給与額	男 年間賞与その他特別給与額	男 労働者数	女 年齢	女 勤続年数	女 実労働日数	女 1日当たり所定内実労働時間数	女 1時間当たり所定内給与額	女 年間賞与その他特別給与額	女 労働者数
	歳	年	日	時間	円	千円	十人	歳	年	日	時間	円	千円	十人
自然科学系研究者	42.3	7.5	15.2	6.1	2066	234.6	163	41.4	5.4	18.0	5.9	1596	108.0	132
化学分析員	63.0	10.6	14.4	6.8	1675	278.2	34	47.4	7.5	17.1	6.1	1160	97.2	112
技術士	63.4	5.0	15.0	6.8	1803	168.4	58	37.3	4.7	18.7	6.6	1429	31.0	30
一級建築士	65.3	4.8	14.7	6.9	2123	51.6	94	39.2	4.5	20.4	6.4	1660	188.4	12
測量技術者	61.6	6.5	12.8	7.5	2020	32.2	66	62.5	19.5	25.0	7.3	782	200.0	1
システム・エンジニア	48.0	9.2	15.6	6.7	2039	826.2	12	38.4	6.1	20.1	6.0	1800	334.2	215
プログラマー	30.2	0.8	25.0	6.9	1499	0.0	0	42.6	3.8	18.5	6.3	995	88.6	34
医師	45.6	5.9	4.9	5.7	11966	27.2	4 196	40.3	5.5	8.9	5.9	8188	50.7	1 371
歯科医師	37.9	5.7	6.8	5.4	4317	19.4	542	37.2	4.4	7.1	6.4	4815	189.3	288
獣医師	65.3	0.9	19.9	4.5	2281	0.0	6	41.0	7.8	18.0	7.2	2230	223.0	28
薬剤師	54.7	3.3	10.3	5.3	2299	34.5	289	47.6	7.1	14.1	5.2	2228	100.0	2 061
看護師	39.2	2.6	14.8	6.1	1737	94.4	261	45.1	4.9	15.6	5.8	1633	98.4	10 647
准看護師	42.1	6.2	9.8	7.4	1926	223.6	138	48.6	6.6	15.7	5.7	1353	96.1	5 276
看護補助者	38.2	2.1	17.0	6.0	1003	34.0	214	44.2	4.5	17.4	5.5	1075	65.2	2 674
診療放射線・診療エックス線技師	46.1	9.9	6.4	5.2	3143	19.6	437	39.8	8.9	13.4	5.2	2610	53.4	173
臨床検査技師	50.8	4.7	13.7	6.1	2424	75.2	113	42.9	4.7	14.7	5.6	2041	48.1	459
理学療法士、作業療法士	38.7	4.3	6.7	5.9	3486	11.4	451	35.0	3.7	14.7	5.4	2359	65.8	457
歯科衛生士	-	-	-	-	-	-	-	43.7	5.0	12.4	5.6	1784	46.1	668
歯科技工士	-	-	-	-	-	-	-	41.3	10.6	18.7	5.7	1025	151.9	32
栄養士	30.1	4.6	14.0	5.0	1439	255.9	12	40.8	4.3	17.1	5.6	1251	55.5	609
保育士(保母・保父)	46.7	3.0	17.1	5.6	953	36.1	79	45.3	4.7	17.5	5.6	981	33.1	4 272
介護支援専門員(ｹｱﾏﾈｰｼﾞｬｰ)	64.4	3.4	8.4	6.6	1606	141.0	24	49.6	5.3	17.5	6.1	1272	128.6	639
ホームヘルパー	50.2	3.6	17.1	5.2	1358	28.0	546	53.9	5.4	17.7	3.6	1333	24.7	14 395
福祉施設介護員	52.7	3.7	17.1	5.9	1070	51.3	2 063	48.6	4.3	15.8	6.2	994	64.8	16 289
弁護士	-	-	-	-	-	-	-	-	-	-	-	-	-	-
公認会計士、税理士	62.3	10.0	11.6	5.5	4195	122.0	20	42.4	5.2	18.3	6.9	1317	205.2	23
社会保険労務士	69.5	2.5	24.0	4.0	1563	0.0	0	-	-	-	-	-	-	-
不動産鑑定士	-	-	-	-	-	-	-	-	-	-	-	-	-	-
幼稚園教諭	33.9	3.6	7.3	5.2	1142	0.0	14	45.1	6.5	13.8	5.4	1076	49.8	1 236
高等学校教員	49.0	8.7	15.1	3.3	3894	148.8	1 320	43.3	7.1	13.9	3.3	3587	114.4	1 575
大学教授	59.2	10.1	11.8	4.9	7807	1486.0	231	61.2	15.5	14.3	4.9	8017	1984.0	56
大学准教授	45.3	7.0	14.7	4.5	6993	1383.0	43	57.1	12.5	15.2	5.4	8512	1749.9	23
大学講師	51.0	6.2	5.0	3.2	5585	14.1	4 787	49.4	6.6	5.5	3.3	5392	12.2	2 876
各種学校・専修学校教員	51.9	8.6	7.3	3.8	6062	27.4	989	49.0	8.6	8.3	3.8	4302	12.7	935
個人教師、塾・予備校講師	27.5	3.4	9.6	3.2	1969	1.7	4 233	33.7	4.6	9.9	3.3	1878	3.9	3 123
記者	61.5	15.7	15.4	6.7	4	1441	0.0	0	26.1	2.1	21.1	6.1	902	13.3	4
デザイナー	32.1	2.0	21.7	6.9	1184	41.8	18	35.9	3.0	15.5	7.0	1266	71.5	175
ワープロ・オペレーター	51.5	10.9	15.6	6.7	1127	43.4	77	43.1	6.9	17.6	6.0	1227	52.0	751
キーパンチャー	47.5	2.5	17.0	4.1	1117	0.0	1	45.9	6.5	18.6	5.9	844	71.3	152
電子計算機オペレーター	49.4	7.0	13.4	6.6	1312	40.1	51	42.1	5.7	19.0	5.6	1153	131.3	648
百貨店店員	35.9	5.0	19.0	5.4	982	39.4	3 995	49.5	7.8	19.4	5.4	951	48.0	21 586
販売店員(百貨店店員を除く。)	28.6	2.8	14.9	5.4	916	9.2	27 798	41.8	5.4	17.4	5.2	889	19.0	79 359
スーパー店チェッカー	25.9	2.5	15.0	4.9	888	5.1	4 102	41.7	5.3	18.3	5.0	892	26.5	21 114
自動車外交販売員	49.0	7.5	13.7	5.7	1009	37.8	23	48.5	5.3	18.2	4.2	833	0.5	34
家庭用品外交販売員	59.3	7.6	22.4	3.7	1283	25.4	339	51.0	9.7	20.9	4.3	946	37.4	264
保険外交員	62.0	20.5	16.1	6.7	1513	282.9	43	49.7	11.2	17.1	6.3	1133	178.3	281
理容・美容師	49.3	8.9	18.1	6.4	1480	67.5	17	38.3	6.3	18.0	6.3	1002	9.4	281
洗たく工	44.5	7.1	18.9	5.8	798	10.5	316	49.3	7.5	20.9	5.3	805	10.4	2 344
調理士	29.4	2.9	14.2	5.2	935	6.6	5 013	48.8	5.3	17.4	5.2	894	34.7	6 598
調理士見習	27.8	2.2	13.9	5.1	910	2.6	6 521	47.6	5.1	17.4	4.9	883	12.2	12 414
給仕従事者	26.0	2.1	13.1	5.1	929	1.8	12 819	35.8	3.7	14.6	5.0	911	5.4	41 550
娯楽接客員	29.3	2.7	15.0	6.1	1063	13.7	5 904	34.4	4.2	15.1	6.0	1114	20.0	9 773
警備員	59.4	4.8	18.3	7.2	987	9.9	5 508	46.7	4.5	14.6	6.4	1003	8.6	410
守衛	65.0	5.6	17.7	6.3	1000	88.3	1 399	58.1	6.9	9.3	5.7	1018	97.0	329
電車運転士	61.8	13.0	14.8	7.4	1455	195.7	6	-	-	-	-	-	-	-
電車車掌	61.1	4.6	13.0	7.5	1650	9.7	5	-	-	-	-	-	-	-
旅客掛	38.7	5.2	17.8	5.4	1059	32.4	65	56.6	7.6	14.2	7.0	863	83.4	41
自家用乗用自動車運転者	65.1	3.9	18.9	4.8	1108	20.3	1 814	50.1	6.4	15.1	2.8	1464	1.0	117
自家用貨物自動車運転者	52.6	4.8	18.1	6.2	1104	24.1	450	43.9	5.0	19.9	5.4	977	23.2	212
タクシー運転者	66.2	9.7	15.6	7.0	1163	18.3	4 554	58.6	8.3	15.3	6.5	972	19.3	197

34

2章 アルバイト・パートさんの賃金の相場はあるのか

区　分	男 年齢	勤続年数	実労働日数	1日当たり所定内実労働時間数	1時間当たり所定内給与額	年間賞与その他特別給与額	労働者数	女 年齢	勤続年数	実労働日数	1日当たり所定内実労働時間数	1時間当たり所定内給与額	年間賞与その他特別給与額	労働者数
	歳	年	日	時間	円	千円	十人	歳	年	日	時間	円	千円	十人
営業用バス運転者	62.4	8.9	16.6	6.1	1350	62.0	1 071	51.1	7.4	14.5	4.8	1355	22.4	52
営業用大型貨物自動車運転者	53.4	8.8	16.9	6.6	1114	72.5	407	45.8	5.8	18.2	6.2	979	31.8	81
営業用普通・小型貨物自動車運転者	47.0	4.5	18.4	6.0	1055	23.9	1 622	45.1	8.5	20.0	5.4	918	18.1	605
航空機操縦士	61.5	1.5	16.0	7.0	4005	250.0	2	–	–	–	–	–	–	–
航空機客室乗務員	–	–	–	–	–	–	–	40.5	14.5	10.0	8.8	1570	578.1	2
製鋼工	65.3	3.4	18.7	7.5	1172	706.4	7	–	–	–	–	–	–	–
非鉄金属精錬工	64.2	4.8	14.6	6.6	1209	0.0	25	38.0	9.1	21.0	7.7	935	172.8	5
鋳物工	64.0	21.0	17.8	6.9	1372	117.7	34	45.4	6.8	20.0	6.2	829	88.5	30
型鍛造工	64.6	17.8	17.7	5.5	1286	28.9	11	47.5	8.5	21.0	5.0	912	101.5	25
鉄鋼熱処理工	63.4	6.4	15.7	7.5	1248	484.1	13	–	–	–	–	–	–	–
圧延伸張工	62.5	2.5	17.0	7.0	1265	360.0	1	–	–	–	–	–	–	–
金属検査工	64.4	17.9	18.8	6.2	1241	75.8	37	47.1	6.9	19.1	6.3	893	66.9	162
一般化学工	61.8	12.4	19.8	6.4	1102	56.7	211	48.7	11.0	21.0	6.4	903	95.0	349
化繊紡糸工	62.2	44.9	23.0	7.3	1210	764.2	4	49.8	11.6	20.0	7.0	916	234.9	37
ガラス製品工	59.1	2.9	18.8	7.4	1518	6.2	12	45.3	8.1	20.7	6.1	865	88.6	49
陶磁器工	68.2	10.5	13.0	5.4	1044	27.0	2	48.5	4.8	20.2	5.9	783	9.8	82
旋盤工	57.1	8.3	17.8	7.1	1110	98.0	128	44.2	5.3	15.2	6.2	918	35.0	184
フライス盤工	61.4	20.4	20.7	7.3	1310	127.9	46	52.8	12.5	20.5	5.6	808	81.3	32
金属プレス工	60.1	10.8	19.0	5.5	1369	84.1	126	54.1	11.4	20.7	5.9	903	69.1	245
鉄工	66.0	27.6	16.8	5.6	3457	12.0	312	50.4	17.1	21.2	5.7	977	134.6	29
板金工	63.1	5.9	15.8	7.7	1139	20.8	41	62.0	17.8	18.8	6.4	1076	138.9	34
電気めっき工	68.4	1.8	20.8	5.8	1028	70.9	28	49.7	5.2	18.9	5.4	910	11.9	13
バフ研磨工	58.2	15.0	23.0	4.5	722	0.0	5	55.6	3.1	18.6	6.4	822	45.7	13
仕上工	60.4	6.4	18.5	6.4	1043	138.5	101	45.2	5.9	19.1	6.0	839	24.5	233
溶接工	65.4	13.0	15.8	7.3	1324	63.3	156	66.8	20.9	19.5	6.9	920	35.6	57
機械組立工	51.5	7.5	18.2	6.5	1079	84.1	287	46.9	7.4	20.4	6.0	889	48.1	1 761
機械検査工	62.0	7.8	17.5	7.4	1263	69.0	37	48.0	7.9	19.6	6.1	887	65.2	473
機械修理工	61.7	13.1	14.0	6.9	1511	220.6	160	48.3	7.7	20.0	6.0	900	24.8	68
重電機器組立工	60.8	11.4	14.7	7.3	1337	211.7	38	46.0	6.0	20.2	5.7	875	41.8	146
通信機器組立工	53.9	5.9	21.0	7.3	1010	19.4	29	48.0	9.4	20.2	6.5	910	23.8	374
半導体チップ製造工	45.1	21.0	15.4	8.0	2429	192.0	82	45.3	16.3	20.1	5.9	1557	168.7	19
プリント配線工	57.8	4.3	17.5	6.7	1175	73.7	30	45.8	7.1	19.9	5.9	898	39.0	385
軽電機器検査工	45.9	6.8	19.1	6.8	863	31.3	31	48.3	7.9	20.3	6.7	823	80.3	454
自動車組立工	42.0	9.2	14.0	7.2	1472	382.3	23	53.5	9.0	18.6	5.7	898	56.6	58
自動車整備工	59.4	11.4	16.3	6.5	1158	169.8	166	47.1	5.2	18.6	5.7	794	14.6	5
パン・洋生菓子製造工	40.5	9.2	19.3	6.4	980	69.2	522	43.8	6.5	17.8	5.5	879	23.2	1 809
精紡工	–	–	–	–	–	–	–	65.5	1.5	20.0	5.0	948	0.0	1
織布工	70.5	8.0	14.0	6.1	1330	55.0	16	58.5	17.0	20.5	5.0	897	4.5	22
洋裁工	–	–	–	–	–	–	–	56.9	10.4	18.2	5.6	863	10.5	105
ミシン縫製工	50.9	8.0	17.9	6.8	901	3.4	32	51.9	8.9	18.2	6.1	790	22.7	1 525
製材工	66.3	10.6	16.2	7.1	934	53.5	22	51.9	6.7	21.3	5.6	859	11.4	23
木型工	62.6	4.9	19.6	5.3	931	12.8	56	58.9	7.2	20.6	5.2	845	11.1	18
家具工	50.9	8.0	12.6	7.3	945	20.1	42	47.9	8.3	19.6	5.7	856	5.6	28
建具製造工	66.5	26.0	20.6	7.1	925	44.2	30	53.6	11.4	17.9	6.2	937	59.1	9
製紙工	63.9	9.7	14.0	6.8	1104	100.6	17	43.0	2.2	17.0	6.3	862	32.2	58
紙器工	57.7	7.8	18.9	5.8	886	65.7	106	49.9	8.6	18.4	5.8	866	46.5	663
プロセス製版工	38.8	8.3	21.7	7.1	1892	126.1	9	44.2	10.3	20.4	5.9	864	9.8	37
オフセット印刷工	65.0	34.2	17.5	6.4	1396	141.8	32	49.6	8.8	20.1	5.9	790	3.8	30
合成樹脂製品成形工	56.1	13.2	19.0	6.3	1055	54.4	78	44.3	5.5	19.2	6.1	875	46.9	513
金属・建築塗装工	54.7	4.8	12.9	7.1	1248	175.4	8	41.6	5.7	22.6	7.1	824	63.6	8
機械製図工	59.6	5.8	13.8	6.5	1586	285.2	20	42.7	13.7	18.3	6.6	1169	182.2	26
ボイラー工	65.7	10.5	17.7	6.0	1046	123.1	46	50.0	2.5	23.0	5.9	1046	30.0	8
クレーン運転工	65.5	8.3	13.8	7.5	1609	130.6	13	–	–	–	–	–	–	–
建設機械運転工	57.8	7.9	11.4	7.6	1676	9.8	176	60.8	8.8	19.2	4.0	790	13.8	4
玉掛け作業員	65.0	13.0	15.0	7.7	1188	347.9	10	–	–	–	–	–	–	–
発電・変電工	63.7	13.3	14.4	7.4	1753	108.6	8	37.2	5.1	19.9	6.0	1163	32.4	7
電気工	55.4	10.7	12.7	7.3	1498	39.9	162	38.2	6.3	21.8	5.8	911	53.7	6
掘削・発破工	61.3	10.7	16.9	7.4	1447	126.3	2	–	–	–	–	–	–	–
型枠大工	65.9	30.6	15.8	7.6	1176	18.8	33	–	–	–	–	–	–	–
とび工	32.2	1.7	16.0	7.8	1155	0.0	68	–	–	–	–	–	–	–
鉄筋工	67.6	12.0	12.6	7.5	1467	3.1	13	–	–	–	–	–	–	–
大工	60.1	4.0	11.3	7.9	1456	0.0	73	–	–	–	–	–	–	–
左官	64.2	12.3	14.8	8.0	1761	4.9	24	–	–	–	–	–	–	–
配管工	59.2	16.0	13.8	6.5	1664	19.3	40	–	–	–	–	–	–	–
はつり工	–	–	–	–	–	–	–	–	–	–	–	–	–	–
土工	60.0	8.9	10.9	7.4	1132	17.1	372	31.5	5.5	21.0	4.2	1705	360.0	6
港湾荷役作業員	51.0	3.7	16.3	7.3	1223	31.4	23	50.4	4.4	20.4	4.3	816	19.7	16
ビル清掃員	58.6	4.1	19.4	4.4	979	7.2	5 792	58.7	5.3	19.4	4.2	892	10.1	21 939
用務員	62.6	5.7	18.1	5.7	969	33.1	774	58.2	6.1	18.4	4.9	921	40.7	1 182

35

平成24年賃金構造基本統計調査

(短時間労働者)
5～9人 第1表

短時間労働者の年齢階級別1時間当たり所定内給与額及び年間賞与その他特別給与額(企業規模5～9人)

表頭分割 01

区分	企業規模（5～9人）男							企業規模（5～9人）女						
	年齢	勤続年数	実労働日数	1日当たり所定内実労働時間数	1時間当たり所定内給与額	年間賞与その他特別給与額	労働者数	年齢	勤続年数	実労働日数	1日当たり所定内実労働時間数	1時間当たり所定内給与額	年間賞与その他特別給与額	労働者数
	歳	年	日	時間	円	千円	十人	歳	年	日	時間	円	千円	十人
T 1 産業計	49.1	7.9	15.2	5.5	1206	39.5	7 196	47.2	7.5	16.3	4.9	1045	34.4	31 534
～19歳	18.6	1.1	12.1	4.6	863	2.4	642	18.6	1.2	10.7	4.4	843	0.4	1 035
20～24歳	22.1	2.3	13.0	4.8	1001	2.5	854	22.2	2.1	13.2	5.0	943	8.7	1 559
25～29歳	27.1	3.0	16.0	5.6	1086	20.0	466	27.8	2.8	15.4	5.3	1038	12.9	1 393
30～34歳	32.6	4.5	16.5	5.8	1264	19.1	318	32.7	4.0	16.4	5.0	1066	33.0	2 112
35～39歳	37.5	5.6	13.8	5.4	1238	36.8	355	37.6	4.3	17.2	4.9	1035	38.5	3 548
40～44歳	42.1	5.8	16.3	4.9	1430	27.0	406	42.4	5.8	16.8	5.0	1059	32.6	4 727
45～49歳	47.4	6.9	14.7	5.5	1371	81.5	236	47.4	6.7	16.8	4.9	1081	44.8	3 882
50～54歳	52.2	7.2	15.4	6.2	1082	28.6	266	52.4	8.1	15.8	5.1	1143	42.6	3 465
55～59歳	57.4	8.9	17.2	5.3	1251	19.7	363	57.6	10.6	17.0	4.8	1057	37.2	3 115
60～64歳	62.7	9.7	16.6	5.9	1397	59.4	1 177	62.3	11.4	17.7	5.0	995	34.4	3 117
65～69歳	67.4	12.5	15.7	6.1	1305	54.4	1 061	67.2	12.7	16.4	4.8	1063	39.0	1 937
70歳～	74.3	14.4	15.6	5.5	1185	75.5	1 052	74.4	18.7	16.5	4.9	980	43.0	1 645
C 鉱業，採石業，砂利採取業	64.3	12.5	12.7	6.9	1663	78.6	4	53.0	10.9	17.4	5.4	1083	42.4	8
～19歳	-	-	-	-	-	-	-	-	-	-	-	-	-	-
20～24歳	-	-	-	-	-	-	-	-	-	-	-	-	-	-
25～29歳	-	-	-	-	-	-	-	29.5	3.5	17.0	5.1	1045	0.0	0
30～34歳	-	-	-	-	-	-	-	32.3	5.3	19.0	6.8	829	20.0	0
35～39歳	37.5	1.5	14.0	8.0	1800	0.0	-	36.3	5.9	16.0	4.4	1283	86.0	1
40～44歳	-	-	-	-	-	-	-	43.2	8.1	17.8	5.8	917	14.5	1
45～49歳	46.5	0.5	16.0	7.8	1427	0.0	0	48.8	11.9	20.9	5.3	981	26.3	1
50～54歳	54.5	2.5	16.0	7.0	1071	0.0	0	52.9	12.2	18.2	6.2	1135	76.2	1
55～59歳	57.2	1.2	10.3	8.0	1091	0.0	1	57.5	13.7	16.7	5.1	1237	46.2	1
60～64歳	62.3	8.4	13.4	7.4	1663	185.0	1	61.5	8.2	16.1	5.5	1070	51.2	2
65～69歳	66.7	18.5	15.6	7.2	1205	0.0	1	65.5	30.5	23.0	5.0	783	0.0	0
70歳～	76.1	25.0	10.9	5.2	2266	60.0	1	73.1	18.5	14.3	3.7	1301	20.4	1
D 建設業	58.1	11.5	13.4	7.2	1234	67.5	961	50.4	11.3	16.0	5.3	1148	21.7	1 775
～19歳	-	-	-	-	-	-	-	21.5	0.5	18.0	8.0	669	0.0	6
20～24歳	-	-	-	-	-	-	-	27.5	2.1	21.4	5.8	869	80.9	23
25～29歳	28.6	9.8	17.3	6.5	983	60.9	31	34.0	3.1	18.9	5.3	806	22.5	82
30～34歳	33.1	5.7	17.4	8.0	1049	0.0	35	34.0	3.1	18.9	5.3	806	22.5	82
35～39歳	37.1	8.0	8.4	7.4	1482	168.7	61	37.7	4.7	18.4	5.6	851	11.5	272
40～44歳	42.4	9.6	14.3	6.9	1122	0.0	26	42.5	9.8	16.8	4.9	1136	3.3	393
45～49歳	48.3	23.3	15.7	7.6	1666	598.6	28	47.3	8.7	15.1	5.0	1204	30.1	191
50～54歳	51.9	6.1	13.9	7.6	997	0.0	114	52.9	9.8	14.2	6.9	1076	3.6	104
55～59歳	56.3	13.0	11.9	7.0	1136	4.3	71	57.9	17.9	13.6	5.4	1200	5.9	282
60～64歳	62.5	9.6	13.9	7.2	1242	15.6	316	62.1	16.3	19.4	5.2	877	8.0	197
65～69歳	67.1	18.7	13.6	6.9	1325	16.5	181	66.6	14.9	13.3	4.7	1864	22.1	131
70歳～	71.7	11.2	11.3	7.3	1283	280.5	99	76.4	18.0	10.2	6.1	1283	193.5	94
E 製造業	62.9	12.4	15.9	6.3	1190	66.6	1 023	52.8	10.5	18.1	5.5	869	41.5	4 382
～19歳	18.0	0.7	18.5	5.6	1053	5.7	25	18.8	1.0	13.1	5.8	761	7.0	21
20～24歳	23.0	2.6	16.1	6.8	866	11.0	14	22.9	2.8	18.4	5.8	787	19.5	36
25～29歳	26.7	4.4	16.6	6.7	918	14.8	13	27.9	2.3	18.1	5.5	819	9.9	67
30～34歳	33.2	4.0	15.4	5.3	1032	1.8	14	32.7	3.6	18.3	5.5	867	23.4	205
35～39歳	38.3	4.0	19.7	5.8	1230	3.1	32	38.0	4.2	18.4	5.3	886	41.4	449
40～44歳	41.9	6.3	14.4	6.0	1054	28.7	52	42.6	6.0	18.2	5.3	876	27.7	663
45～49歳	46.7	6.5	14.2	6.3	1254	0.0	19	47.7	9.2	17.7	5.1	874	46.9	475
50～54歳	52.5	11.1	18.2	5.3	1058	25.8	25	52.7	9.4	19.2	5.8	863	46.3	424
55～59歳	56.7	11.4	18.1	6.6	1058	15.1	44	57.6	11.6	18.6	5.4	897	46.8	541
60～64歳	63.1	11.0	15.8	6.5	1272	140.0	155	62.2	12.8	18.7	5.8	875	51.4	726
65～69歳	67.4	13.2	15.6	6.8	1363	85.0	283	67.8	18.2	16.4	5.7	843	48.5	411
70歳～	74.2	16.7	15.4	6.1	1090	54.6	347	74.3	20.7	16.8	5.6	832	38.8	367
F 電気・ガス・熱供給・水道業	53.3	6.4	9.6	7.1	1818	96.5	2	54.8	14.6	20.9	4.8	883	20.0	1
～19歳	-	-	-	-	-	-	-	-	-	-	-	-	-	-
20～24歳	23.5	0.5	12.0	7.0	1429	300.0	0	-	-	-	-	-	-	-
25～29歳	28.0	2.5	8.5	7.3	1110	150.0	0	-	-	-	-	-	-	-
30～34歳	33.5	3.0	10.5	7.1	1654	150.0	0	-	-	-	-	-	-	-
35～39歳	-	-	-	-	-	-	-	-	-	-	-	-	-	-
40～44歳	42.0	2.5	3.5	8.4	1646	45.0	0	42.2	5.8	22.7	4.0	867	26.7	0
45～49歳	46.0	14.0	4.5	8.4	2195	0.0	0	46.8	15.2	21.3	4.8	851	0.0	0
50～54歳	-	-	-	-	-	-	-	53.5	2.5	22.0	7.0	902	120.0	0
55～59歳	-	-	-	-	-	-	-	55.5	15.5	17.0	7.0	1014	20.0	0
60～64歳	63.5	0.5	13.0	8.0	1025	0.0	0	-	-	-	-	-	-	-
65～69歳	67.7	8.9	10.2	5.8	2296	60.0	0	67.5	8.5	17.0	4.4	973	0.0	0
70歳～	72.3	8.3	13.3	7.0	1848	135.8	0	79.5	35.5	21.0	4.0	833	0.0	0

36

2章 アルバイト・パートさんの賃金の相場はあるのか

区　分	企業規模（5～9人）男							企業規模（5～9人）女						
	年齢	勤続年数	実労働日数	1日当たり所定内実労働時間数	1時間当たり所定内給与額	年間賞与その他特別給与額	労働者数	年齢	勤続年数	実労働日数	1日当たり所定内実労働時間数	1時間当たり所定内給与額	年間賞与その他特別給与額	労働者数
	歳	年	日	時間	円	千円	十人	歳	年	日	時間	円	千円	十人
G 情報通信業	46.2	5.3	13.3	6.0	1412	131.4	28	45.8	8.9	16.4	5.3	1204	108.5	76
～19歳	19.5	1.7	14.2	5.9	1147	4.0	4	-	-	-	-	-	-	-
20～24歳	23.9	2.7	14.3	6.9	1355	0.0	5	23.0	1.9	17.7	5.8	793	0.0	6
25～29歳	29.5	3.5	5.0	4.2	1033	60.0	1	27.4	3.1	17.3	5.2	939	5.1	4
30～34歳	32.3	1.4	20.2	5.3	845	9.8	3	32.2	4.1	16.5	5.8	1134	107.6	4
35～39歳	-	-	-	-	-	-	-	38.3	6.4	14.9	6.0	1530	100.6	18
40～44歳	44.5	0.5	13.0	5.0	1000	0.0	1	43.0	8.1	15.4	5.9	1271	180.9	11
45～49歳	46.5	1.5	5.0	7.4	1081	0.0	1	48.0	8.4	18.9	5.0	1047	241.3	8
50～54歳	52.5	2.5	21.0	7.0	1020	0.0	1	51.7	9.8	15.5	4.0	1168	35.4	8
55～59歳	59.1	11.3	12.0	6.3	1221	0.0	3	57.4	8.2	15.4	5.6	978	33.6	3
60～64歳	64.2	3.6	8.6	6.2	1839	0.0	1	61.5	17.4	18.6	4.5	1203	183.7	3
65～69歳	66.7	4.7	11.1	6.3	1914	668.8	4	68.3	22.6	20.2	4.2	956	166.2	7
70歳～	72.0	11.3	14.3	5.5	1971	208.5	4	72.9	12.2	13.2	5.0	1391	0.0	4
H 運輸業，郵便業	58.2	8.6	12.5	6.5	1438	23.7	202	51.4	10.9	15.8	5.3	1045	17.9	244
～19歳	-	-	-	-	-	-	-	19.5	0.5	25.0	4.0	700	0.0	0
20～24歳	23.5	1.5	24.0	4.0	1815	0.0	7	22.9	3.4	19.1	7.7	868	14.3	1
25～29歳	27.7	1.8	18.7	6.1	1088	0.0	3	28.4	3.3	22.5	6.8	682	0.0	4
30～34歳	33.1	5.3	13.0	7.0	1353	29.2	7	33.5	1.7	14.4	5.0	1026	2.2	23
35～39歳	37.6	14.4	5.1	3.3	924	0.0	10	38.3	5.5	12.9	5.4	1143	3.8	28
40～44歳	42.7	4.0	12.1	7.3	1508	16.0	14	43.9	5.1	15.4	6.2	1155	15.6	37
45～49歳	48.2	2.3	19.1	6.5	1099	0.0	3	47.3	7.0	13.9	6.2	977	6.8	30
50～54歳	51.7	10.8	12.4	7.8	1001	43.6	6	52.0	11.0	19.4	5.2	888	33.3	20
55～59歳	57.6	6.2	11.8	7.4	1533	0.4	39	56.8	10.7	18.1	4.8	909	49.9	27
60～64歳	62.3	9.9	12.9	6.1	1743	42.4	66	62.5	14.3	15.8	5.1	1078	13.0	42
65～69歳	66.9	9.8	12.7	6.6	1149	13.0	35	67.5	13.9	12.5	4.8	1145	33.0	11
70歳～	73.8	10.3	12.4	6.7	1159	46.0	18	74.0	36.4	18.6	4.0	1123	22.1	22
I 卸売業，小売業	47.4	8.2	19.1	4.5	1085	23.1	1 881	48.1	8.3	18.1	4.9	970	24.3	6 621
～19歳	18.6	1.2	13.3	5.1	804	0.0	156	18.3	1.3	12.0	4.2	722	0.0	188
20～24歳	22.2	2.7	14.8	4.7	917	1.0	259	21.9	2.0	15.0	5.1	779	14.2	209
25～29歳	26.7	2.1	18.1	5.7	903	10.4	147	27.9	2.9	19.2	5.4	919	11.0	303
30～34歳	32.2	5.5	19.8	4.9	1143	0.7	82	32.7	4.2	19.3	5.2	874	34.7	420
35～39歳	37.2	4.3	18.4	4.9	806	0.1	69	37.7	4.8	18.8	5.0	909	33.7	729
40～44歳	42.0	6.0	20.1	3.6	1115	22.2	156	42.0	5.7	17.7	5.1	1036	19.3	884
45～49歳	47.3	6.0	22.7	4.2	1201	16.7	72	47.3	6.8	19.1	4.9	958	16.7	840
50～54歳	52.0	6.4	17.7	4.7	982	14.9	52	52.5	9.2	17.8	4.9	1045	26.4	873
55～59歳	57.7	8.0	24.1	2.8	1215	14.9	121	57.9	10.0	19.5	4.6	1024	32.2	736
60～64歳	62.4	11.4	22.1	4.2	1226	25.5	318	62.2	12.9	18.6	4.9	1013	27.9	737
65～69歳	67.7	15.3	19.8	5.3	1271	62.6	237	67.2	11.6	16.7	4.9	1033	25.6	352
70歳～	74.3	16.7	19.5	4.2	1165	54.2	213	74.8	24.1	17.0	4.5	918	23.1	350
J 金融業，保険業	59.8	6.4	13.2	6.0	1690	250.0	30	48.0	8.6	16.4	5.5	1113	25.6	132
～19歳	-	-	-	-	-	-	-	-	-	-	-	-	-	-
20～24歳	22.2	1.2	6.5	6.4	1049	0.0	2	21.3	1.2	6.8	4.3	1198	0.0	3
25～29歳	27.8	2.2	12.0	5.5	1566	0.0	1	28.7	2.7	16.3	5.1	1043	198.1	2
30～34歳	-	-	-	-	-	-	-	33.5	3.2	16.3	5.2	875	26.0	9
35～39歳	38.0	6.3	17.5	3.6	1351	9.5	2	37.1	2.9	17.7	5.7	949	2.9	12
40～44歳	42.5	7.5	20.0	1.0	1403	0.0	1	42.5	4.8	15.2	6.1	1055	26.9	23
45～49歳	46.5	16.5	23.0	3.5	2469	0.0	7	47.6	5.8	17.1	5.7	1024	36.2	39
50～54歳	51.3	2.8	6.8	5.7	1846	0.0	3	52.6	16.1	14.2	5.6	1102	19.5	16
55～59歳	57.1	3.8	19.6	4.0	1703	4.3	1	57.5	10.0	15.7	5.6	1294	36.6	7
60～64歳	62.2	5.9	14.3	6.1	2228	614.6	6	62.7	18.9	18.8	5.2	1252	10.3	10
65～69歳	67.6	7.4	12.5	7.3	1500	315.2	11	66.7	18.5	19.9	4.1	1708	0.0	5
70歳～	74.9	7.9	12.9	5.3	1895	30.0	5	72.8	16.9	12.6	5.8	1338	0.0	2
K 不動産業，物品賃貸業	58.6	6.6	14.8	5.9	1103	69.0	222	48.5	6.7	16.0	5.5	1036	46.6	509
～19歳	19.5	1.5	7.0	7.1	400	359.3	3	-	-	-	-	-	-	-
20～24歳	23.2	1.5	14.2	5.6	778	0.0	19	22.6	1.4	16.6	5.7	725	211.5	24
25～29歳	28.0	4.4	13.5	6.2	946	267.7	6	27.7	1.8	13.1	6.1	1136	3.3	10
30～34歳	31.7	3.4	17.1	5.7	989	312.4	7	32.1	4.7	16.3	5.1	943	48.3	56
35～39歳	35.5	1.5	20.8	5.7	1149	70.0	2	37.7	2.8	16.9	5.3	995	21.8	66
40～44歳	41.5	5.3	15.7	6.6	1058	99.1	20	42.9	5.7	18.1	5.7	955	21.7	91
45～49歳	47.7	4.2	12.3	4.9	844	5.7	5	47.3	7.5	14.6	5.7	1090	44.6	50
50～54歳	52.5	8.2	15.1	5.5	962	0.4	8	52.1	7.1	17.2	5.5	1104	52.2	38
55～59歳	58.2	5.8	17.0	7.5	1607	444.4	8	58.0	6.5	17.2	5.7	983	85.5	47
60～64歳	63.9	6.5	16.2	5.8	1360	15.6	20	63.0	8.1	17.5	5.7	887	19.3	54
65～69歳	67.6	5.1	14.1	5.6	1155	3.9	65	68.0	17.3	10.3	4.9	1389	39.7	30
70歳～	75.1	11.3	15.0	5.9	1114	405.7	59	73.5	11.2	12.0	5.2	1407	46.7	44

区 分	企業規模（5～9人） 男						企業規模（5～9人） 女					
	年齢	勤続年数	実労働日数	1日当たり所定内実労働時間数	1時間当たり所定内給与額	年間賞与その他特別給与額	労働者数	年齢	勤続年数	実労働日数	1日当たり所定内実労働時間数	1時間当たり所定内給与額	年間賞与その他特別給与額	労働者数
	歳	年	日	時間	円	千円	十人	歳	年	日	時間	円	千円	十人
L 学術研究, 専門・技術サービス業	59.0	10.2	13.8	6.1	2244	79.3	220	46.9	8.6	16.8	5.4	1195	106.8	721
～19歳	-	-	-	-	-	-	-	19.5	0.5	5.0	6.0	893	0.0	1
20～24歳	22.4	2.7	13.8	2.4	1208	0.0	1	21.5	5.0	21.7	4.7	952	0.0	6
25～29歳	28.5	4.6	16.4	6.6	1120	79.0	27	28.0	1.5	11.7	5.0	1134	39.4	37
30～34歳	32.8	6.9	14.0	6.9	1543	94.8	10	33.0	4.1	15.9	5.3	992	192.3	56
35～39歳	38.9	14.2	10.3	6.5	1260	131.1	8	37.6	4.3	16.3	5.6	1069	61.1	114
40～44歳	43.2	12.9	17.2	4.7	2768	104.9	8	42.6	6.4	19.0	5.6	1147	113.3	117
45～49歳	-	-	-	-	-	-	-	47.6	7.0	17.9	5.4	1123	99.7	132
50～54歳	54.3	17.2	18.8	5.9	1730	895.4	5	52.3	11.6	15.2	5.4	1214	165.0	95
55～59歳	58.7	0.9	12.6	7.5	1876	0.0	10	57.6	12.1	15.9	5.4	1484	135.1	76
60～64歳	63.0	10.9	10.9	5.2	5503	42.1	33	62.7	11.9	20.6	4.9	1241	87.8	30
65～69歳	67.4	7.7	14.8	6.4	1769	72.8	68	67.4	23.8	13.5	5.9	1475	106.1	26
70歳～	74.9	17.1	12.5	5.8	1754	28.2	49	71.9	23.4	19.1	5.1	1566	7.8	33
M 宿泊業, 飲食サービス業	30.8	2.9	13.5	4.9	944	7.7	1 303	43.1	5.5	14.9	4.7	887	8.4	6 158
～19歳	18.5	1.1	11.8	4.4	847	0.3	395	18.6	1.2	10.3	4.5	843	0.1	703
20～24歳	22.0	2.1	13.4	5.0	967	3.0	367	22.0	2.2	11.7	5.0	942	0.6	823
25～29歳	27.0	2.6	14.9	5.1	1075	12.5	124	27.5	3.1	12.8	4.7	955	6.1	294
30～34歳	32.1	3.9	16.5	5.2	1126	14.6	75	32.6	3.3	15.3	5.0	890	2.5	385
35～39歳	37.1	3.3	15.6	4.7	892	1.1	65	37.5	3.8	14.5	4.3	908	9.0	474
40～44歳	42.3	2.7	13.4	5.5	1110	60.7	40	42.1	4.8	15.4	4.5	860	3.5	638
45～49歳	47.4	2.1	10.3	5.2	806	1.3	35	47.6	6.2	16.9	4.5	866	4.6	465
50～54歳	52.8	2.9	14.7	5.2	881	1.6	16	52.4	6.7	15.1	4.7	899	9.1	480
55～59歳	57.8	6.8	16.3	4.4	940	2.0	12	57.4	7.9	17.1	4.6	849	9.2	463
60～64歳	62.1	6.0	13.8	5.5	945	38.0	67	62.4	8.9	18.2	4.9	898	24.4	673
65～69歳	67.6	7.9	14.3	5.7	925	12.8	59	67.2	9.8	17.6	4.8	886	12.6	390
70歳～	73.1	12.9	18.0	5.0	1016	4.6	49	73.4	13.1	17.7	4.6	850	26.3	370
N 生活関連サービス業, 娯楽業	46.6	6.0	15.3	5.1	1063	4.0	257	46.5	8.6	16.9	5.2	945	10.8	1 145
～19歳	18.2	1.2	11.1	4.6	752	0.0	13	18.8	1.2	12.8	5.4	865	0.0	16
20～24歳	21.9	1.2	12.6	6.1	942	0.0	47	22.7	1.8	15.8	5.7	957	4.3	74
25～29歳	27.2	2.5	19.0	5.4	1088	0.0	24	27.6	3.5	16.0	6.0	927	8.0	88
30～34歳	32.8	4.8	15.0	5.6	1359	0.0	15	32.8	4.6	16.6	5.7	939	8.8	110
35～39歳	37.4	5.2	17.1	4.4	1122	0.4	14	37.5	6.3	17.2	5.4	978	21.2	136
40～44歳	41.9	7.6	13.9	4.0	1062	2.5	13	42.3	7.8	17.2	5.4	953	3.8	113
45～49歳	47.3	4.9	11.1	5.2	1427	13.8	15	47.3	7.7	16.4	5.1	1004	5.3	145
50～54歳	53.6	10.2	11.0	5.1	1123	0.0	2	52.3	8.5	16.4	5.0	904	8.4	111
55～59歳	57.7	7.5	20.4	3.7	952	3.8	13	57.8	10.8	18.6	4.5	910	15.8	107
60～64歳	62.4	7.2	17.2	5.7	962	7.7	39	62.6	12.1	18.5	4.6	920	22.2	111
65～69歳	68.1	7.1	17.6	5.1	1050	4.7	24	67.7	12.1	16.0	4.9	923	8.7	73
70歳～	75.1	13.9	14.2	4.4	1249	8.9	39	75.4	27.3	17.8	4.2	965	9.5	60
O 教育, 学習支援業	34.7	3.9	9.7	3.4	1472	15.2	286	42.6	6.0	10.1	4.0	1150	15.9	885
～19歳	19.1	0.9	6.6	2.7	1375	0.2	27	19.1	1.0	7.1	2.7	1231	1.4	57
20～24歳	22.1	2.2	8.4	3.0	1325	4.8	125	22.0	2.3	8.5	3.5	1175	0.6	104
25～29歳	27.4	3.2	10.8	3.2	1652	9.3	19	27.8	2.6	10.7	4.1	1364	14.5	54
30～34歳	32.3	3.9	10.6	3.6	1892	67.6	10	32.4	4.8	12.2	4.2	1260	37.6	58
35～39歳	37.2	5.8	10.2	3.3	1758	46.1	12	37.5	4.8	10.2	3.9	1216	12.0	65
40～44歳	42.4	6.4	14.0	3.5	1679	6.9	10	42.2	5.5	11.0	4.1	1116	7.7	98
45～49歳	47.6	9.8	9.8	4.4	1952	11.9	10	47.4	5.6	9.9	4.4	1047	15.7	148
50～54歳	52.3	6.7	9.5	3.6	2124	18.0	10	52.2	8.5	9.9	4.4	1020	16.3	123
55～59歳	57.4	9.3	10.0	4.9	1822	5.2	12	57.4	9.6	11.0	4.3	1118	28.0	88
60～64歳	62.7	5.3	13.1	4.2	1369	32.5	24	62.2	12.0	9.9	4.3	1287	39.5	51
65～69歳	67.0	6.2	12.9	3.4	1282	2.8	7	67.3	9.0	12.4	3.5	1253	22.2	26
70歳～	73.1	8.4	13.4	4.9	1059	49.3	15	72.9	15.3	10.1	3.9	1041	4.7	15
P 医療, 福祉	48.7	5.8	11.5	5.4	1857	15.5	329	45.4	5.7	15.6	4.7	1304	59.3	7 713
～19歳	18.4	1.8	18.9	3.8	708	20.1	8	19.2	0.6	14.7	3.8	886	3.3	45
20～24歳	22.0	2.5	9.0	4.9	933	0.0	13	22.7	1.6	15.5	5.7	1044	14.0	217
25～29歳	26.6	2.6	15.7	4.3	1651	0.0	33	27.9	2.7	14.4	5.4	1194	14.1	458
30～34歳	33.0	3.0	11.7	7.5	2110	0.0	29	32.7	4.1	14.5	4.5	1405	30.3	645
35～39歳	38.5	8.0	7.5	5.3	1978	14.3	55	37.4	3.9	17.5	4.5	1268	64.1	1 091
40～44歳	41.3	6.3	9.2	5.8	4275	2.5	34	42.5	5.0	16.4	4.7	1225	57.9	1 482
45～49歳	47.6	2.0	6.6	6.8	2147	3.3	38	47.2	5.8	16.1	4.9	1322	82.9	1 256
50～54歳	51.5	6.4	10.9	5.4	1278	0.0	2	52.4	6.5	13.4	5.0	1509	71.3	1 052
55～59歳	57.5	6.5	12.0	5.0	2375	0.0	4	57.4	9.2	15.4	4.5	1376	66.0	604
60～64歳	63.2	7.0	16.4	8.1	1129	44.4	24	62.5	7.8	13.5	4.2	1408	43.7	357
65～69歳	66.4	5.7	11.8	4.2	902	3.0	32	66.9	10.5	16.5	3.9	1273	85.5	318
70歳～	75.7	9.6	14.7	4.6	1347	44.8	62	76.1	13.4	15.5	4.4	980	91.2	174

2章 アルバイト・パートさんの賃金の相場はあるのか

区分	企業規模 (5～9人) 男							企業規模 (5～9人) 女						
	年齢	勤続年数	実労働日数	1日当たり所定内実労働時間	1時間当たり所定内給与額	年間賞与その他特別給与額	労働者数	年齢	勤続年数	実労働日数	1日当たり所定内実労働時間	1時間当たり所定内給与額	年間賞与その他特別給与額	労働者数
	歳	年	日	時間	円	千円	十人	歳	年	日	時間	円	千円	十人
Q 複合サービス事業	70.8	14.9	20.8	4.7	941	0.0	2	61.0	11.7	9.6	4.3	865	0.0	8
～19歳	-	-	-	-	-	-	-	19.5	0.5	4.5	5.0	697	0.0	1
20～24歳	-	-	-	-	-	-	-	-	-	-	-	-	-	-
25～29歳	-	-	-	-	-	-	-	-	-	-	-	-	-	-
30～34歳	-	-	-	-	-	-	-	-	-	-	-	-	-	-
35～39歳	-	-	-	-	-	-	-	39.5	3.5	23.0	4.8	809	0.0	0
40～44歳	41.5	12.5	23.0	4.0	761	0.0	0	43.5	4.5	20.2	5.8	828	0.0	1
45～49歳	48.5	26.5	21.0	2.7	861	0.0	0	45.5	6.5	7.0	5.7	850	0.0	0
50～54歳	50.5	7.5	23.0	5.5	827	0.0	0	52.3	6.3	20.8	4.6	846	0.0	0
55～59歳	57.5	7.5	9.0	2.8	848	0.0	0	-	-	-	-	-	-	-
60～64歳	-	-	-	-	-	-	-	63.5	2.5	13.0	8.0	948	0.0	1
65～69歳	69.1	6.9	13.7	7.0	764	0.0	1	67.1	7.8	7.0	3.2	838	0.0	0
70歳～	83.0	22.5	27.9	3.2	1154	0.0	1	74.3	20.5	5.0	3.0	900	0.0	0
R サービス業(他に分類されないもの)	55.9	7.1	15.0	6.2	1269	84.8	446	51.0	7.4	17.0	5.1	997	42.6	1 155
～19歳	19.5	0.5	1.0	7.8	872	0.0	12	18.3	0.7	20.0	4.7	798	0.0	4
20～24歳	21.0	1.4	17.9	6.3	825	9.3	2	22.5	2.0	18.9	4.0	964	16.8	51
25～29歳	26.8	1.6	11.3	7.7	1184	2.0	37	27.3	3.6	15.5	5.7	965	8.4	49
30～34歳	33.9	3.8	16.4	6.2	1030	12.7	24	32.5	5.2	18.8	5.5	1213	179.8	60
35～39歳	36.8	0.8	19.3	5.4	1063	0.0	26	37.6	4.0	15.9	5.4	1019	23.2	93
40～44歳	42.5	3.1	17.8	6.5	1193	9.2	31	42.5	5.2	17.6	5.8	1002	56.1	174
45～49歳	46.2	5.8	13.0	5.8	967	72.0	11	47.3	4.5	17.4	5.1	1001	34.4	104
50～54歳	52.8	9.3	18.2	5.7	1294	41.6	25	51.6	8.9	17.9	5.5	1038	28.3	120
55～59歳	58.3	6.7	12.5	6.9	1257	28.0	26	57.5	11.3	14.8	5.6	1012	48.5	132
60～64歳	62.9	8.8	15.8	6.1	1541	205.2	107	62.6	8.5	15.1	5.2	933	51.8	109
65～69歳	67.4	7.5	15.1	5.3	1448	51.7	55	67.1	7.4	17.6	4.2	920	32.5	152
70歳～	75.0	11.6	14.5	5.6	1109	108.1	90	73.2	14.9	17.9	4.4	989	11.5	106

39

いかがでしょうか？職種別と年齢階層別のデータをみていただきましたが、大変分かりやすいと思われたのではないかと思います。年齢階層別をみると短時間労働者の特徴の一つである年齢による賃金格差があまりないことがよく理解できます。

　また、職種別の1時間当たりの給与額では通勤費と家族手当なども含まれていますので、アルバイト・パートさんの時給の参照にするときは、1時間の給与額から50円ほどマイナスして考える必要があると思います。

　この賃金センサスのデータは全体で78,483事業所の集計から公表されていますので、私は日本で最も信頼できるデータの一つではないかと思います。しかも、無料でいつでも閲覧ができます。

　以上3つのケースを記述しましたが、ケースバイケースにより様々な活用ができますので、その都度選択していくべきであると思います。この本ではその3の賃金構造基本統計調査をベースに時給の決め方を考えていきたいと思っています。

　次表では、先の短時間労働者の1時間当たりのアルバイト・パートさんの代表的な給与額をピックアップして、そこから、通勤費・家族手当分として時給単価50円マイナスした世間相場時給額を一覧にしてみました。男女格差は400円からほとんどない職種まで、バラバラですが、同じような職種はあまりばらつきがないのがよくわかります。この一覧表な

2章 アルバイト・パートさんの賃金の相場はあるのか

どからもアルバイト・パートさんの時給はいわゆる職種できまる職務給がベストな取り組みではないかと思っています。ですから逆にいうとアルバイト・パートさんの賃金管理はこの世間相場から職種別の時給単価が決まれば、スムーズな賃金制度になってくると思います。

なんといっても分かりやすいにつきると思います。

「世間相場時給額一覧」

	男		女	
	1時間当たり所定内給与額	50円マイナス額	1時間当たり所定内給与額	50円マイナス額
	円	円	円	円
一級建築士	2123	2073	1660	1610
プログラマー	1499	1449	995	945
医師	11966	11916	9810	9760
薬剤師	2299	2249	2228	2178
看護師	1737	1687	1633	1583
歯科衛生士	―	―	1758	1708
栄養士	1439	1389	1251	1201
保育士(保母・保父)	953	903	981	931
ホームヘルパー	1358	1308	1333	1283
高等学校教員	3894	3844	3587	3537
個人教師、塾・予備校講師	1969	1919	1878	1828
ワープロ・オペレーター	1127	1077	1227	1177
百貨店店員	982	932	951	901
販売店員(百貨店店員を除く。)	916	866	889	839
スーパー店チェッカー	888	838	892	842
保険外交員	1513	1463	1133	1083
理容・美容師	1480	1430	1002	952
調理士	935	885	894	844
娯楽接客員	1063	1013	1114	1064
タクシー運転者	1163	1113	972	922
機械組立工	1079	1029	889	839
自動車整備工	1158	1108	794	744
パン・洋生菓子製造工	980	930	879	829
ミシン縫製工	901	851	790	740
建設機械運転工	1676	1626	790	740
ビル清掃員	979	929	892	842

この表をじっくり見ていただきますとご理解できるかと思いますが、パートさんであっても、男性医師の11,966円から男性薬剤師2,299円・男性清掃員の979円など、職種により結構開きがあることも分かります。これらのデータから、アルバイト・パートさんの賃金は勤続年数により、あまり格差がなく、入社時点の時給額が退職するまで、あまり変わらないという現実が見えてきます。

　これがある意味、日本のアルバイト・パートさんの雇用の特徴の一つではないかと思います。

3　地方・首都圏など地域によって賃金制度に違いはあるか

　社長さんの会社は東京ですか？それとも私が住んでいる金沢のような地方ですか？　私の経験でいうのであれば、ディズニーランド、マクドナルドなどのアルバイト・パートさんの雇用対策などは別格として考えるならば、一般的な中小企業の会社では、東京も地方もあまり相違がないような気がします。あるとすれば時給水準の格差とそれに連動すると思われる地域別の賃金水準ではないかと思います。ちなみに、国が定める最低賃金は次のようになっています。

　この最低賃金というのは、この賃金額以上の賃金を支払いなさいという定めです。

2章 アルバイト・パートさんの賃金の相場はあるのか

平成25年度地域別最低賃金改定状況

平成25年10月7日現在

都道府県名	最低賃金時間額【円】		発行年月日
北 海 道	734	(719)	平成25年10月18日
青 森	665	(654)	平成25年10月24日
岩 手	665	(653)	平成25年10月27日
宮 城	696	(685)	平成25年10月31日
秋 田	665	(654)	平成25年10月26日
山 形	665	(654)	平成25年10月24日
福 島	675	(664)	平成25年10月 6日
茨 城	713	(699)	平成25年10月20日
栃 木	718	(705)	平成25年10月19日
群 馬	707	(696)	平成25年10月13日
埼 玉	785	(771)	平成25年10月20日
千 葉	777	(756)	平成25年10月18日
東 京	869	(850)	平成25年10月19日
神 奈 川	868	(849)	平成25年10月20日
新 潟	701	(689)	平成25年10月26日
富 山	712	(700)	平成25年10月 6日
石 川	704	(693)	平成25年10月19日
福 井	701	(690)	平成25年10月13日
山 梨	706	(695)	平成25年10月18日
長 野	713	(700)	平成25年10月19日
岐 阜	724	(713)	平成25年10月19日
静 岡	749	(735)	平成25年10月12日
愛 知	780	(758)	平成25年10月26日
三 重	737	(724)	平成25年10月19日
滋 賀	730	(716)	平成25年10月25日
京 都	773	(759)	平成25年10月24日
大 阪	819	(800)	平成25年10月18日
兵 庫	761	(749)	平成25年10月19日
奈 良	710	(699)	平成25年10月20日
和 歌 山	701	(690)	平成25年10月19日
鳥 取	664	(653)	平成25年10月25日
島 根	664	(652)	平成25年11月 6日
岡 山	703	(691)	平成25年10月30日
広 島	733	(719)	平成25年10月24日
山 口	701	(690)	平成25年10月10日
徳 島	666	(654)	平成25年10月30日
香 川	686	(674)	平成25年10月24日
愛 媛	666	(654)	平成25年10月31日
高 知	664	(652)	平成25年10月26日
福 岡	712	(701)	平成25年10月18日
佐 賀	664	(653)	平成25年10月26日
長 崎	664	(653)	平成25年10月20日
熊 本	664	(653)	平成25年10月30日
大 分	664	(653)	平成25年10月20日
宮 崎	664	(653)	平成25年11月 2日
鹿 児 島	665	(654)	平成25年10月27日
沖 縄	664	(653)	平成25年10月26日
全国加重平均額	764	(749)	

※( )書きは、平成24年度地域別最低賃金額

最低賃金が全国で一番低いのは沖縄などの664円です。また高いのが東京で869円です。いかがでしょうか？　664円から869円まで205円の格差があります。今一度社長さんの地域の最低賃金の水準をご理解していただきたいと思います。

　私が思うには、地方の賃金水準もある意味この国の定めた最低賃金の水準に比例しているように感じます。また、注意しなければいけないのが、産業別の最低賃金というものがあります。

「東京と石川の産業別最低賃金」

都道府県名	地域別最低賃金	特定（産業別）最低賃金	日額（円）	時間額（円）	発行年月日
東京	869 (H25.10.19)	鉄鋼業		859	H24.12.31
		はん用機械器具、生産用機械器具製造業		832	H22.12.31
		業務用機械器具、電気機械器具、情報通信機械器具、時計・同部分品、眼鏡製造業		829	H22.12.31
		自動車・同附属品製造業、船舶製造・修理業、舶用機械製造業、航空機・同付属品製造業		838	H24.2.18
		出版業		857	H24.12.31
		各種商品小売業		792	H21.12.31
石川	704 (H25.10.19)	綿紡績、化学繊維紡績、毛紡績、その他の紡績、染色整理、綱、漁綱、綱地製造業		726	H25.12.31
		洋食器・刃物・手道具・金物類、金属素形材製品、ボルト・ナット・リベット・小ねじ・木ねじ等、その他の金属製品製造業	6,102	763	H11.12.26
		金属素形材製品、ボルト・ナット・リベット・小ねじ・木ねじ等、その他の金属製品、はん用機械器具、生産用機械器具、発電用・送電用・配電用電気機械器具、産業用電気機械器具製造業		826	H25.12.31
		電子部品・デバイス・電子回路、民生用電気機械器具、電子応用装置、情報通信機械器具製造業		770	H25.12.31
		自動車・同附属品、自転車・同付属品製造業		826	H25.12.31
		百貨店、総合スーパー		781	H25.12.31

2章 アルバイト・パートさんの賃金の相場はあるのか

　この表のように、地域別の最低賃金と産業別の最低賃金両方とも適用される会社は、そのどちらか高い賃金が適用されるということです。東京などはすべての産業別の最低賃金より地域別の最低賃金が上回っていますが、地方はほとんど逆に全部産業別最低賃金が上回っています。

　ここでこの最低賃金と実際の賃金額とのバランスがどうなっているか考えるのに、のちほど掲載しますが賃金センサスの短時間労働者の都道府県別の産業計の1時間当たりの給与額との相関関係を分析してみると下記のようなイメージになります。

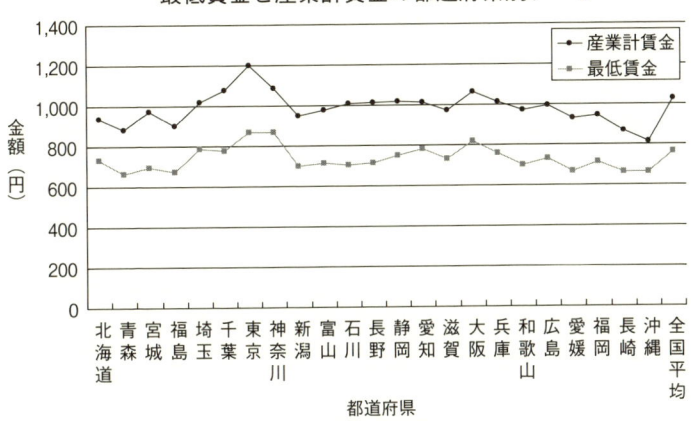

最低賃金と産業計賃金の都道府県別データ

金額（円）／都道府県

― 産業計賃金
― 最低賃金

北海道　青森　宮城　福島　埼玉　千葉　東京　神奈川　新潟　富山　石川　長野　静岡　愛知　滋賀　大阪　兵庫　和歌山　広島　愛媛　福岡　長崎　沖縄　全国平均

　いかがでしょうか、面白いのは最低賃金の全国平均764円と都道府県別の産業計の1時間当たりの全国平均（男女計）の1,026円を上回っているのは、東京・神奈川・千葉・埼玉（最

45

低賃金の項目だけ）愛知・京都・大阪だけです。

　なんと47都道府県で、全国平均をクリアしているのは7都道府県だけなんです。あとの40県は下回っています。このように、賃金センサスのデータから、日本の地方の賃金水準は最低賃金に連動しているのではないかと思われます。これはやはり、企業が賃金を決める際に最低賃金を意識しているからこのような結果になってくるのだと思います。また、賃金センサスの都道府県別の産業計の1時間当たりの最低額が沖縄の814円から最高の東京の1,198円をかりに1日6時間勤務で月間21日間とするとその賃金額は下記のようになります。

都道府県別	都道府県別の産業計の 1時間当たりの給与	6時間×21日間 ＝126時間で計算
沖　　　縄	814円	102,564円
全 国 平 均	1,026円	129,276円
東　　　京	1,198円	150,948円

　この表からも分かるように、仮に1日の勤務時間を6時間とするとアルバイト・パートさんの賃金は日本は約10万円から約15万円の範囲内で、日本の労働人口の約4割がひしめき合っているのです。だからこそ、他社との差別化が最も必要とされる階層なのかもしれないと思います。

　以上のように、私はアルバイト・パートさんの雇用対策の取り組みについていろいろ調べてみましたが、地域によりあまり格差がないような気がします。しかし、賃金の各地域で

の相場である賃金水準については都会である東京などと地方との賃金格差は結構開きがあるというのが現状ではないかと思います。

4 事業の大きさ・形態（チェーン店、小規模なお店）などによる違い

　前節で、地域格差による違いについて考えてみましたが、事業の規模別でどのようなイメージになっているのかです。

　確かにマクドナルドのように、従業員の大半がアルバイト・パートさんであれば、独自の労務管理が必要とされると思いますが、一般的な中小企業であれば、この規模別による雇用対策もあまり格差がないように思われます。ちなみに、あとで紹介する退職金制度などは大企業であれば、一般従業員には退職金制度はほとんど整備されていますが、大企業であってもアルバイト・パートさんには退職金制度はほとんど採用されていないのが日本の雇用の現状かと思います。

　このような、地域別・規模別に賃金の水準以外あまり格差のない、アルバイト・パートさんの雇用対策は逆にいうと、他社と差別化戦略を推進していく中ではもっとも改善のしやすい、結果が出やすい経営戦略の一つになってくるのではないかと私は思っています。

　ただし、ある地域であなたの会社がナンバーワンになるな

ど発展していったならば、労務管理も従来のランチェスター法則でいうところの第一法則（一騎打ち戦・接近戦）ではなく、第二法則の（間隔戦）へと労務管理も変化していく時であると思います。これはどういうことかと言いますと、前章で解説した、店舗での人材配置であなたの会社が、あなたの町で一番店舗になり、仮にあなたの店舗がアルバイト・パートさんも含めて10名でライバル店が5名であれば、その力関係は、ランチェスターの第二法則からすると10×10＝100 ライバル店が5×5＝25となります。なんとあなたの会社は、ナンバーワンになることにより、2倍ではなく4倍の格差がついてくるわけです。

　この結果あなたの会社はますます売上を上げ、ライバル店とは、一人当たりの利益も格段に違ってくるようになってくるのです。

　従って、竹田先生もその著書の中でよくお話されていますが、地域ナンバーワンの商品、客層などを作り上げていくことが一番の会社の成長につながっていくのではないかと思っています。そのキッカケの一つとしてアルバイト・パートさんの賃金制度の見直しは有効な戦略の一つになってくるのではないかと思います。

2章　アルバイト・パートさんの賃金の相場はあるのか

5分ノート

　賃金の世間相場は職安とか民間の求人の会社のデータなどもありますが、厚生労働省の賃金構造基本統計調査は、サンプル数も膨大な量であり、短時間労働者の1時間当たりのデータも無料でいつでもネットで調べることができるので、この本ではこの賃金構造基本統計調査をベースに世間相場の賃金を考えていく。

3章

アルバイト・パートさんの賃金の決め方

1　賃金を決める際の目安にするべき心構えと指標

　社長さんここまで読んでいただいて深く感謝申し上げます。何故、アルバイト・パートさんの雇用を見直さなければいけないのかいくらかご理解していただけたのではないかと思います。

　私はアルバイト・パートさんの賃金の決め方としては次のステップで考えると大変分かりやすいのではないかと思います。

　賃金設計の三つのステップ
　　①　世間相場の時給を調べる
　　②　最低賃金を確認する
　　③　自社の賃金バランス・経営戦略により賃金を決定す

る。

そしてその目線は下記の視点で考えるべきであると思います。

「社長は4つの中心で賃金を考える」

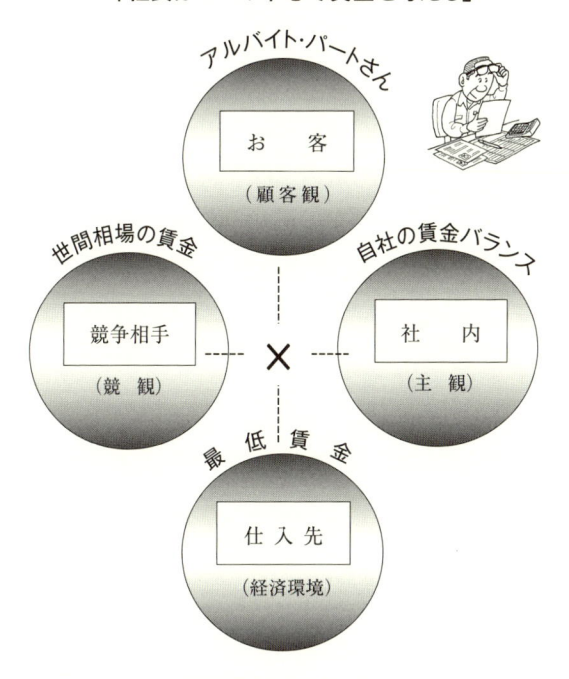

アルバイト・パートさん
お　客
（顧客観）

世間相場の賃金
競争相手
（競観）

自社の賃金バランス
社　内
（主観）

最低賃金
仕入先
（経済環境）

×

この目線は、前章で解説した、経営の視点を賃金の決定の考え方にも応用したものです。

このように考えるならば、社長さんの、アルバイト・パートさんへの賃金は自信をもって決定して、採用時にもしっかり説明できるようになってくるのではないかと思います。

この本では世間相場の賃金は厚生労働省の賃金構造基本統計調査を活用していきたいと思っています。

2 世間相場連動型基本給という新しい考え方

この節ではアルバイト・パートさんにおける世間相場連動型基本給について考えてみたいと思います。正規従業員における世間相場連動型基本給については「サッと作れる小規模企業の賃金制度」（経営書院 刊）のなかで、詳しく解説していますが、その考え方をアルバイト・パートさんの時給の決め方にも応用するものです。

仕組みは簡単です。たとえば、厚生労働省で作成している前章で解説した賃金センサスのデータの中の短時間労働者の賃金データを活用します。

もちろん、その他の方法で、そのようなアルバイト・パートさんの時給の詳細なデータが入手できれば、それを活用してもいいと思います。この時に、従来からある大手企業でよく採用されている正規従業員の能資格制度のように、賃金表で1級3号俸といった具合に考えるから難しくなってしまうのです。私は社長さんはアルバイト・パートさんの採用にあたっては、アメリカのように同業他社はどのくらい支払っているのかを最重要視した時給の決め方が、もっとも理にかなった戦略ではないかと思っています。むしろアルバイト・

3章　アルバイト・パートさんの賃金の決め方

パートさんの時給というのは、比較的職務内容に応じた時給になっていますので、世間相場を意識した時給の決め方というのは、正規従業員よりもアルバイト・パートに対しての方がより理にかなっているのではないかと思います。

そうすれば、賃金制度の基本給が職能資格制度の賃金表のように明確に定められていないので、経済状況に応じて柔軟に定めることができます。社長さんいかがでしょうか？そして、もう一つ、中小企業の社長さんにはスピードが求められます。この考えで、世間相場の時給をベースに採用時の賃金を会社の状況によって、世間相場より上の水準でいくのか、下の水準でいくのか、または世間相場並みでいくのかを決めるというのは、スピーディーに採用時に賃金が決定できますし、また、シンプルで大変分かりやすいのではないかと思います。

この考え方を世間相場連動型基本給と私は命名しています。このようなことを記載すると多くの賃金コンサルタントの方からお叱りを受けるのではないかと思いますが、私は、今まで漠然と決められてきたアルバイト・パートさんの賃金の決め方からみれば、十分改善されてきているのではないかと思います。

そして、経営戦略の構成要因からも、なによりもこの賃金の決め方は分かりやすくシンプルでなければならないと思います。

それでは具体的に時給を決めてみたいと思います。

「事例その1　30歳　主婦　スーパー販売員　全国版」

　世間相場の賃金は職種別の全国版のデータの女性販売店員の842円を仮に使用する。

「社長は4つの中心で賃金を考える」

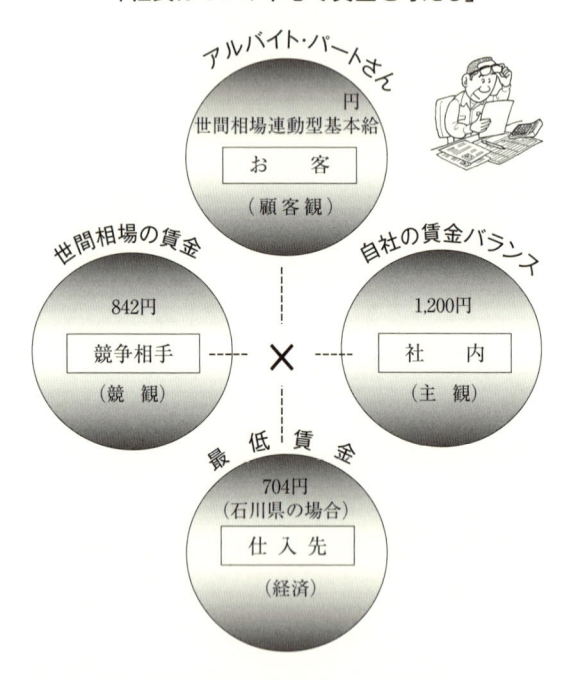

アルバイト・パートさん
　　円
世間相場連動型基本給
お　客
（顧客観）

世間相場の賃金
842円
競争相手
（競観）

×

自社の賃金バランス
1,200円
社　内
（主観）

最　低　賃　金
704円
（石川県の場合）
仕　入　先
（経済）

　上記の視点で考えるならば、あなたの会社が、世間相場よりも、多く支給して、優秀な人材を多く獲得したいとなれば、世間相場よりも多く決めるべきです。

　しかし、わが社は利益もそこそこあり、とにかく補充的に人材が必要とか、新しく会社を立ち上げたばかりで資金的に

3章　アルバイト・パートさんの賃金の決め方

どうしてもゆとりがなければ、世間相場よりもダウンした賃金の決め方になってくると思います。

　このように考えていけば、アルバイト・パートさんの時給は決まってくるのではないかと思います。今回のケースで世間相場よりも上でいくということになれば、時給880円とか900円とかの金額が見えてくるのではないかと思います。ここで注意する点は、自社の新人の従業員の月給を時給単価に再計算した時給1200円とのバランスも考えてきめなければならないということです。アルバイト・パートさんの時給が従業員の時給よりも、多くなってしまうと従業員さんもモチベーションを下げてしまうことも予想されます。

　このような自社の従業員との賃金のバランスや仕事と賃金のバランスもよく考えたうえで、最終的には会社の経営戦略に従って決めていけばいいのではないかと思います。

　いかがでしょうか？社長さんなにも難しい作業は必要ありません。先ほどのシートなどに記入して、じっとアルバイト・パートさんのキャリアなどを考えれば、時給はスッキリ決まってくると私は思います。また、見えてくると思います。

　また、このようにステップを踏んで決定した時給であれば、面接時にもしっかり話せますし、なによりもあなたの会社に縁あって働いてくれるアルバイト・パートさんのことを、より深く理解できるキッカケにもなってくると思っています。あなたの会社で場合によっては、やがて正規従業員さんより

もよく働いてくれて、貢献してくれる人材に成長してくれるかもしれないのです。人間の可能性は無限です。そしてパートから成長して正規従業員ひいては経営者にまでなっていくかもしれないということです。

「事例　その2　19歳　コンビニ店員　男性　全国版」

　世間相場の賃金は職種別の全国版のデータの男性販売店員の866円を仮に使用する。

「社長は4つの中心で賃金を考える」

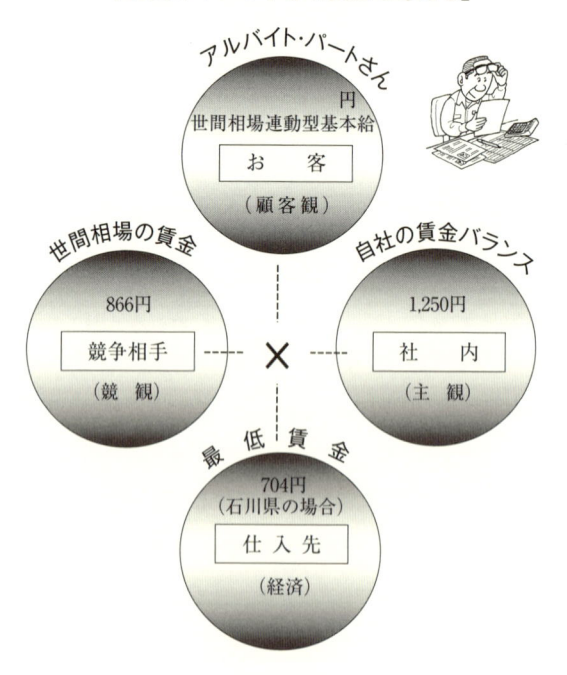

アルバイト・パートさん
円
世間相場連動型基本給
お　客
（顧客観）

世間相場の賃金
866円
競争相手
（競観）

自社の賃金バランス
1,250円
社　内
（主観）

×

最低賃金
704円
（石川県の場合）
仕　入　先
（経済）

　この事例は、若手男性のケースです。19歳なので学生の

3章　アルバイト・パートさんの賃金の決め方

ケースもあるのではないかと思います。私も学生の時夏休みとか冬休みは、デパートなどでオーディオメーカーの音響機器販売のアルバイトをよくやりました。当時のことは30年以上経過した今でも、まざまざと覚えているものです。あのころは、将来就職はアルバイト先のオーディオメーカーにしたいとも思ったものでした。その会社の商品は今でも愛用しています。

　社長さん何気なくアルバイト・パートさんの雇用を考えているかもしれませんが、あなたの会社でのお仕事は時として生涯の思い出になってくることがあります。また、アルバイトを辞めてもあなたの会社のファンとなっていつまでも応援してくれる方になってくれるかもしれないのです。若い人の場合はその辺までも考えて雇用を考えていただきたいと思います。

　ところで、今回の時給は若い男性でもあり、将来自分の会社の正規従業員までなってくれたらいいななど思われるのであれば、世間相場よりも上か同じ水準で時給の賃金を決めてもいいのではないかと思います。そのように考えると時給900円くらいかなと思えてきます。

　いかがでしょうか？今回二つの事例で時給を決定してみましたが、世間相場を確認できれば、先ほどの4つの視点で採用を考えている方のことをじっくり考えれば、あなたの会社での適正な時給は決まってくるのではないかと思います。

先程の事例で全国版を活用しましたが、地方での時給価格との修正を考える必要があると思われるのであれば、全国版のデータを全国の最低賃金の比率に従って地方価格への修正をすればいいと思います。詳細につきましては、後ほどの賃金決定のステップの箇所で解説します。

　また、採用職種は前記の視点から、全員一律の賃金にするか、または本人の経験等を考慮して、個々に採用時の時給が異なる形にするかはあなたの会社の経営戦略によって変わってくるのではないかと思います。私の持論としては、アルバイトの人数が10名以上の会社では、採用職種別で一律の採用時の時給の決定のやり方でもいいのではないかと思います。ただし、毎年世間相場により、採用時とか、1年ごとの更新であれば更新時には時給単価が変動すると、雇用契約書に決めておくべきではないかと思います。

　この時に、職能資格制度による賃金表から賃金を決定していくと、景気の変動による時給の変更は原則できなくなってしまいます。また管理が複雑になってしまい、適正な運用が継続してできなくなってしまう可能性が十分あると思います。ご参考のためにアルバイト・パートさんの職能資格制度のイメージを掲載します。

3章 アルバイト・パートさんの賃金の決め方

職能資格制度の事例を入れる

	上級	中級	初級
他の方の見本となり十分指導できる	S	S	S
指導できる	A	A	A
自分でできる	B	B	B
指導されればできる	C	C	C
できないことが多い	D	D	D

	S	A	B	C	D
初級	20	10	0	0	0
中級	30	20	10	0	0
上級	40	30	20	10	0

　上記のような職能資格制度でSABCDのように5段階評価できればいいのですが、アルバイト・パートさんの仕事内容を5段階に評価できるような会社はまれであり大半はうまく運用できなくなってしまうと思います。やはり、私の持論でありますが、アルバイト・パートさんの評価はできたかできないかの2者択一がアルバイト・パートさんも分かりやすいしベストだと思います。

　やはり、このような制度は、マクドナルドのように大手で

ランチェスター法則の第二法則である間隔戦の対応ができるようになった時に採用を考えてもいいのではないかと私は思います。

3 アルバイト・パートさんを大きく3分類に分ける

　社長さんいかがでしょうか？この本をお読みになるまで、ここまで真剣にアルバイト・パートさんの雇用について考えてこなかった社長さんが大半かと思います。

　私は、あるFM局の番組で「よくわかる人の雇用の話」という番組を毎週やっていますが、リスナーのかたからのメッセージで、私ども社労士には常識なことが意外と一般の経営者の方は理解されていないんだということを時々思うことがあります。その中でもアルバイト・パートさんには3つのグループ分けができるという話は大変反響がありました。

　これはどういうことかと申しますと、一日の労働時間により、加入しなければならない社会保険制度が異なってくるという現実です。仮に1日のあなたの会社の労働時間が8時間で完全週休2日制とすると次のような分類ができます。

「アルバイト・パートさんの3分類」

> Ⅰ型　一日の労働時間　4時間まで
> 　　　社会保険の加入　　なし
>
> Ⅱ型　一日の労働時間　4時間から6時間まで
> 　　　社会保険の加入　　雇用保険のみ加入
>
> Ⅲ型　一日の労働時間　6時間以上のとき
> 　　　社会保険の加入　　雇用保険・健康保険・厚生年金加入

　上記のように、アルバイト・パートさんの雇用においては基本的に1日の労働時間が正規従業員の4分3以上になると社会保険の加入義務者になってきます。雇用保険については、1カ月以上雇用の見込があり、週20時間以上勤務するときは雇用保険の対象義務者になってきます。

　社会保険・雇用保険の加入基準は下記の内容になっています。

「社会保険加入条件」

　　①1カ月の労働日数がおおむね正社員の4分の3以上

　　②1日の労働時間が正社員のおおむね4分の3以上

　①と②との両方の基準を満たす程度に働いている人は収入に関係なく社会保険の加入義務者となる

「雇用保険の加入基準」

　1週間の労働時間が20時間以上で、引き続き31日以上勤務する予定があるものは加入義務者となる

従って、1日の労働時間が7時間とか7時間30分といった会社では若干一日の労働時間の社会保険加入義務対象者の条件が前記の8時間の基準と相違してきますが、いずれにしても、一日の勤務時間により雇用保険・社会保険の対象義務者が相違してくるということです。ちなみに7時間のときは7時間×4分の3＝5時間15分、7時間30分のときは7時間30分×4分の3＝5時間37分30秒です。この時間が1日の労働時間の基準になります。

　いかがでしょうか？ここで、時給の決め方で重要なことがあります。この3グループで同じ職種の時、時給の格差を設定するべきかどうかという問題です。

　また、Ⅲ型のケースでは、社会保険料の控除により手取りが2割ほどダウンしてしまうということです。このようなことも考えるならば、私の持論では、若干の時給格差もある意味必要ではないかと思います。

　例えば、Ⅰ型とⅡ型で20円、Ⅱ型とⅢ型で50円ほどの時給格差を設定すれば、社会保険料と雇用保険料控除における手取りの減少をある程度カバーできるようになってくるのではないかと思います。

　Ⅲ型に移行したため、社会保険料の控除を考えると手取りが逆に減少してしまうということに対しても十分納得できる時給の決め方になってくるのではないかと思います・具体的に計算すると次のようなイメージかと思います。

3章 アルバイト・パートさんの賃金の決め方

【社会保険加入による手取りの比較】
35歳女性小売業石川県の方の時

	Ⅰ型	Ⅱ型	Ⅲ型
時　　給	830円	850円	900円
総労働時間	3時間×21日 ＝63時間	4時間×21日 ＝84時間	6時間×21日 ＝126時間
賃金月額	52,290円	71,400円	113,400円
控除保険料	0円	357円	15,499円
手　取　り	52,290円	71,043円	97,901円

　いかがでしょうか？上記のような決め方であれば、社会保険加入からくる手取りの減少ということについては、あまり問題にはなってこなくなるのではないかと思います。

　社長さんの中には、厚生年金に加入すれば老後の年金額が増加するのだから、多少手取りが減少してもいいのではないかと思われると思いますが、アルバイト・パートさんの賃金は大半が10万円前後であり、正規従業員さんよりも、手取りに対する意識は大変強いものが考えられます。折角あなたの会社で働いてもらうのに、週4時間の勤務を6時間にしたのに手取りがあまり違わないのでは、折角のやる気をそいでしまうかもしれません。

　特に昇給する場合は、昇給による等級が2等級変動すると

63

社会保険料が月額変更で改定されます。その結果昇給したのにも関わらず手取りがあまり変わらないといったことも考えられます。その事例の一つが下記のとおりです。

1日6時間×週5日＝週30時間（月平均120時間）
35歳女性石川県のとき平成26年1月1日現在

	昇給前	昇給後
時　　　　給	840円	900円
賃　金　総　額	100,800円	108,000円
健　康　保　険　料	4,915円	5,516円
厚　生　年　金　保　険　料	8,389円	9,416円
手　　取　　り	87,496円	93,068円

　この事例のように賃金総額が7,200円アップしていますが、社会保険の等級が5等級から7等級に上がっていますので、保険料がアップして手取りでは結果的には5,572円しかアップしないというようなことの考慮も昇給の時には考える必要もあるのではないかと思います。

　ご参考のために、平成25年度の健康保険厚生年金の保険料額表（石川県版）を掲載しました。東京版は巻末資料で掲載しますので見てみてください。何故県別になるかと言いますと、県別で健康保険料率が相違してくるからです。なお厚生年金保険料率は全国一律です。

3章 アルバイト・パートさんの賃金の決め方

平成25年9月分(10月納付分)からの健康保険・厚生年金保険の保険料額表

- 健康保険料率：平成24年3月分～ 適用
- 介護保険料率：平成24年3月分～ 適用
- 厚生年金保険料率：平成25年9月分～平成26年8月分 適用
- 児童手当拠出金率：平成24年4月分～ 適用

(石川県) (単位:円)

標準報酬			報酬月額		全国健康保険協会管掌健康保険料				厚生年金保険料（厚生年金基金加入員を除く）			
					介護保険第2号被保険者に該当しない場合 10.03%		介護保険第2号被保険者に該当する場合 11.58%		一般の被保険者等 17.120%※		坑内員・船員 17.440%※	
等級	月額	日額	円以上	円未満	全額	折半額	全額	折半額	全額	折半額	全額	折半額
1	58,000	1,930	～	63,000	5,817.4	2,908.7	6,716.4	3,358.2				
2	68,000	2,270	63,000～	73,000	6,820.4	3,410.2	7,874.4	3,937.2				
3	78,000	2,600	73,000～	83,000	7,823.4	3,911.7	9,032.4	4,516.2				
4	88,000	2,930	83,000～	93,000	8,826.4	4,413.2	10,190.4	5,095.2				
5(1)	98,000	3,270	93,000～	101,000	9,829.4	4,914.7	11,348.4	5,674.2	16,777.60	8,388.80	17,091.20	8,545.60
6(2)	104,000	3,470	101,000～	107,000	10,431.2	5,215.6	12,043.2	6,021.6	17,804.80	8,902.40	18,137.60	9,068.80
7(3)	110,000	3,670	107,000～	114,000	11,033.0	5,516.5	12,738.0	6,369.0	18,832.00	9,416.00	19,184.00	9,592.00
8(4)	118,000	3,930	114,000～	122,000	11,835.4	5,917.7	13,664.4	6,832.2	20,201.60	10,100.80	20,579.20	10,289.60
9(5)	126,000	4,200	122,000～	130,000	12,637.8	6,318.9	14,590.8	7,295.4	21,571.20	10,785.60	21,974.40	10,987.20
10(6)	134,000	4,470	130,000～	138,000	13,440.2	6,720.1	15,517.2	7,758.6	22,940.80	11,470.40	23,369.60	11,684.80
11(7)	142,000	4,730	138,000～	146,000	14,242.6	7,121.3	16,443.6	8,221.8	24,310.40	12,155.20	24,764.80	12,382.40
12(8)	150,000	5,000	146,000～	155,000	15,045.0	7,522.5	17,370.0	8,685.0	25,680.00	12,840.00	26,160.00	13,080.00
13(9)	160,000	5,330	155,000～	165,000	16,048.0	8,024.0	18,528.0	9,264.0	27,392.00	13,696.00	27,904.00	13,952.00
14(10)	170,000	5,670	165,000～	175,000	17,051.0	8,525.5	19,686.0	9,843.0	29,104.00	14,552.00	29,648.00	14,824.00
15(11)	180,000	6,000	175,000～	185,000	18,054.0	9,027.0	20,844.0	10,422.0	30,816.00	15,408.00	31,392.00	15,696.00
16(12)	190,000	6,330	185,000～	195,000	19,057.0	9,528.5	22,002.0	11,001.0	32,528.00	16,264.00	33,136.00	16,568.00
17(13)	200,000	6,670	195,000～	210,000	20,060.0	10,030.0	23,160.0	11,580.0	34,240.00	17,120.00	34,880.00	17,440.00
18(14)	220,000	7,330	210,000～	230,000	22,066.0	11,033.0	25,476.0	12,738.0	37,664.00	18,832.00	38,368.00	19,184.00
19(15)	240,000	8,000	230,000～	250,000	24,072.0	12,036.0	27,792.0	13,896.0	41,088.00	20,544.00	41,856.00	20,928.00
20(16)	260,000	8,670	250,000～	270,000	26,078.0	13,039.0	30,108.0	15,054.0	44,512.00	22,256.00	45,344.00	22,672.00
21(17)	280,000	9,330	270,000～	290,000	28,084.0	14,042.0	32,424.0	16,212.0	47,936.00	23,968.00	48,832.00	24,416.00
22(18)	300,000	10,000	290,000～	310,000	30,090.0	15,045.0	34,740.0	17,370.0	51,360.00	25,680.00	52,320.00	26,160.00
23(19)	320,000	10,670	310,000～	330,000	32,096.0	16,048.0	37,056.0	18,528.0	54,784.00	27,392.00	55,808.00	27,904.00
24(20)	340,000	11,330	330,000～	350,000	34,102.0	17,051.0	39,372.0	19,686.0	58,208.00	29,104.00	59,296.00	29,648.00
25(21)	360,000	12,000	350,000～	370,000	36,108.0	18,054.0	41,688.0	20,844.0	61,632.00	30,816.00	62,784.00	31,392.00
26(22)	380,000	12,670	370,000～	395,000	38,114.0	19,057.0	44,004.0	22,002.0	65,056.00	32,528.00	66,272.00	33,136.00
27(23)	410,000	13,670	395,000～	425,000	41,123.0	20,561.5	47,478.0	23,739.0	70,192.00	35,096.00	71,504.00	35,752.00
28(24)	440,000	14,670	425,000～	455,000	44,132.0	22,066.0	50,952.0	25,476.0	75,328.00	37,664.00	76,736.00	38,368.00
29(25)	470,000	15,670	455,000～	485,000	47,141.0	23,570.5	54,426.0	27,213.0	80,464.00	40,232.00	81,968.00	40,984.00
30(26)	500,000	16,670	485,000～	515,000	50,150.0	25,075.0	57,900.0	28,950.0	85,600.00	42,800.00	87,200.00	43,600.00
31(27)	530,000	17,670	515,000～	545,000	53,159.0	26,579.5	61,374.0	30,687.0	90,736.00	45,368.00	92,432.00	46,216.00
32(28)	560,000	18,670	545,000～	575,000	56,168.0	28,084.0	64,848.0	32,424.0	95,872.00	47,936.00	97,664.00	48,832.00
33(29)	590,000	19,670	575,000～	605,000	59,177.0	29,588.5	68,322.0	34,161.0	101,008.00	50,504.00	102,896.00	51,448.00
34(30)	620,000	20,670	605,000～	635,000	62,186.0	31,093.0	71,796.0	35,898.0	106,144.00	53,072.00	108,128.00	54,064.00
35	650,000	21,670	635,000～	665,000	65,195.0	32,597.5	75,270.0	37,635.0				
36	680,000	22,670	665,000～	695,000	68,204.0	34,102.0	78,744.0	39,372.0				
37	710,000	23,670	695,000～	730,000	71,213.0	35,606.5	82,218.0	41,109.0				
38	750,000	25,000	730,000～	770,000	75,225.0	37,612.5	86,850.0	43,425.0				
39	790,000	26,330	770,000～	810,000	79,237.0	39,618.5	91,482.0	45,741.0				
40	830,000	27,670	810,000～	855,000	83,249.0	41,624.5	96,114.0	48,057.0				
41	880,000	29,330	855,000～	905,000	88,264.0	44,132.0	101,904.0	50,952.0				
42	930,000	31,000	905,000～	955,000	93,279.0	46,639.5	107,694.0	53,847.0				
43	980,000	32,670	955,000～	1,005,000	98,294.0	49,147.0	113,484.0	56,742.0				
44	1,030,000	34,330	1,005,000～	1,055,000	103,309.0	51,654.5	119,274.0	59,637.0				
45	1,090,000	36,330	1,055,000～	1,115,000	109,327.0	54,663.5	126,222.0	63,111.0				
46	1,150,000	38,330	1,115,000～	1,175,000	115,345.0	57,672.5	133,170.0	66,585.0				
47	1,210,000	40,330	1,175,000～		121,363.0	60,681.5	140,118.0	70,059.0				

　この表のようにアルバイト・パートさんでⅢ型のケースですと賃金は10万円前後が多いと思います。このクラスは毎月の報酬が6,000円から10,000円と上がっていくと、2等級上がってしまうケースがあります。そうなると保険料の改定がなされ毎月の社会保険料が増加してしまいます。時給単価で

計算すると50円近く昇給すると等級が上がってしまうケースが考えられます。賃金が20万円30万円となってくると2万円3万円ほど昇給しないと等級は上がらない傾向があります。従って、アルバイト・パートさんの賃金の昇給は、正規従業員以上に昇給には気を使って考えるべきかもしれないと思います。

このような意味からも、Ⅰ型・Ⅱ型・Ⅲ型に分類して考えることの意味合いを理解していただけたのではないかと思います。中でもⅢ型は社会保険加入対象者になってくるので、パートさんのなかでは一番気をつかうグループになってくると思います。

4 賃金以外のコストはいくらか

前節で社会保険と雇用保険の控除について解説しましたが、アルバイト・パートさんの雇用には労災保険が適用になってきます。この本をお読みの社長さんの中には労災保険はアルバイト・パートさんは適用にならないのではと思ってこられた方も多いのではないかと思います。

このこともFMの放送で反響が多かったのですが、パートさんは分かるが臨時に来てもらっているアルバイトは労災保険は関係ないでしょう。と思われたかもしれませんが、アルバイトであっても、社長さんの指揮命令で時間を拘束して雇

用しているのであれば、労働基準法上は立派な労働者になります。従って労災保険は当然の対象者になってきます。ちなみに労働基準法では労働者の定義を次のように定めています。

労働基準法第9条　「定義」

　「この法律では「労働者」とは、職業の種類を問わず、事業又は事務所（以下「事業」という）に使用される者で、賃金を支払われる者をいう」

となっています。

　従って、労災保険の適用対象者ということになってきますと、労災保険の保険料の納付の義務が発生してきます。ただし、この保険料は労働者負担部分はありませんので、あくまでも会社の経費となってきます。

　このように考えていくと、アルバイト・パートさんを雇用すると賃金額に対して、業種にもよりますが、小売業のような業種であれば3.5/1000の労災保険の保険料の経費がかかってくることになってきます。

　また、雇用保険料・社会保険料は個人負担分と同額を会社が負担する制度ですので、アルバイト・パートさんであっても経費がかかってきますし、Ⅲ型のパートさんであれば正規従業員と同じように社会保険・労働保険の経費がかかってきますのでご理解のほどお願いいたします。このことからもⅡ型からⅢ型に移行するときは、会社の経費負担もバカにならない金額になってきます。平成28年10月からは、中小企業は

まだ猶予がありますが、原則週20時間以上勤務の時は社会保険の対象義務者になってきます。その実施基準は下記の内容です。

　①勤務時間は週20時間以上
　②年収は1,056,000円（月収約88,000円）以上
　③雇用期間は1年以上
　④従業員501人以上の企業に勤務している
　⑤学生は除く

この五つの基準に該当すれば、今後はⅡ型のパートさんで501人以上の会社に勤務のときは、社会保険の適用対象になります。

ですから将来的にはアルバイト・パートさんの雇用形態はⅠ型・Ⅱ型・Ⅲ型の三つのグループ分けの中でもⅡ型が社会保険に適用グループと適用対象外グループに分かれてくると思います。

また私の持論ですが、Ⅲ型のパートさんは単に社会保険適用のパートさんという認識ではなく、総合的な処遇でも正規従業員とあまり遜色のない雇用条件として、短時間正社員としての位置付けで、雇用管理や賃金制度なども考えるべき時代になってきているのではないかと思います。

プロローグのところでも話しましたが、Ⅱ型・Ⅲ型のパートさんの中でも、特に病院関係の看護師さんなどのような専門職については、看護師の働きやすい職場ということで、Ⅱ

型・Ⅲ型のグループの中に、短時間正社員制度という処遇を導入して専門職の方々に短時間勤務でも正社員と比べても見劣りしない制度を病院独自に工夫して作っていけば、夜勤・深夜勤務などハードな勤務形態にならない、有給休暇も取得しやすい職場環境につながっていくのではないかと私は思います。

なお厚生労働省の通達によるとⅡ型のパートさんであっても短時間正社員制度などを就業規則などで規定して制度を作りますと、社会保険に関して、正規従業員の4分の3未満の勤務時間例えば週20時間でも社会保険の適用対象者になるようです。

通達での社会保険適用の条件は下記の内容となっています
①就業規則等に、短時間正社員に係る規定がある。
②期間の定めのない労働契約が締結されている。
③期間当たりの基本給及び賞与・退職金等の算定方法等が同一事業所に雇用される同種フルタイムの正規型の労働者と同様である。

これらの三つの条件をみたしている時は、社会保険の適用になるようです。なので週20時間などのⅡ型の雇用保険のグループでこの短時間正社員制度を導入して社会保険に加入していくときは、看護師などの専門職の方も納得して短時間雇用で働いていただけるキッカケの一つになるのではないかと思います。制度導入時に社会保険も同時に加入するというこ

とであれば、念のため事前に年金事務所に該当するかどうか相談されることをお勧めします。

またこの短時間正社員制度は、現在の日本は医師不足などでもありますので、1時間当たりの時給が高い医師や、薬剤師などの専門職の有効活用にもなってくると思います。

また、この本の第四章で紹介する退職金制度などの導入とか、賞与を支給するなどは、正規従業員の処遇に近づく最適な方法の一つではないかと思います。

そして、今後やってくる人材難の時代このようなアルバイト・パートさんの有用活用が必要不可欠な時代になってきつつあると私は思っています。

5 会社が経営不振のときのアルバイト・パートさんの賃金減額、昇給の仕組みについて

この節では、時給を決めたが、その後の時給をどうしていくべきか考えてみたいと思います。私の経験では、アルバイト・パートさんの賃金はそのほとんどが時給による基本給部分と交通費支給部分だけの会社が大半であると思います。社長さんいかがですか？あなたの会社もそうではないでしょうか？

それではどのように考えるかです。私はアルバイト・パートさんの仕事はそのほとんどが店員とか工場であれば工員と

かある程度職種を決めて募集しているのが現状かと思います。正規従業員のように幅広い仕事ではなく職種は固定されているので、基本給である時給については年齢とか関係なく職種により、受付の仕事は時給800円・パソコンのデータ入力の仕事は時給1,000円などといった設定でいいのではないかと思います。そして、その時給額は、私の持論である世間相場連動型基本給により、毎年世間相場でいくか、または世間相場よりアップした戦略で行くか決めて基本給を定めればいいのではないかと思います。

社長さんの中には、昇給とか減額はどのようにしていけばいいのかと思われたのではないかと思います。ほとんどの会社では、1年ごとの更新時に時給の金額を20円とか50円とかで時給をアップすることで対応されているのではないかと思います。

このように時給をアップしていく考え方もありますが、私は適応職種については、職種ごとに時給単価を統一して、本人の努力により、仕事を十分できるようになったアルバイト・パートさんについては、時給ではなく定額の手当を支給することで対応したほうが大変分かりやすいのではないかと思います。時給単価を上げていくと管理も複雑になり、賃金を受給したときに、そのことが分かりにくいというようなことが考えられます。

そこで、Ⅰ型はさておきⅡ型・Ⅲ型であれば、次のような

手当はいかがでしょうか？

 職能手当 担当の仕事を十分こなし新人などに教えることができる。

    3,000円から20,000円の範囲

    Ⅲ型の時給で考えれば時給20円から150円ほどのベースアップになってくると思います。

 役職手当 Ⅲ型の従業員であれば短時間正社員という会社もあり、パートでありながら店長とかといった会社も出てきています。

    5,000円から30,000円ほどの範囲内で決定すればいいのではないかと思います。Ⅲ型で考えれば、時給40円から200円ほどのベースアップになってくるのではないかと思います。

いかがでしょうか？このような手当を、パートさんのなかでも評価が高い方に関しては、手当で評価するしたほうが、パートさんが給与明細書を見たときに、分かりやすく理解しやすいと思います。

　この評価を時給の単価で、還元すると、Ⅰ型・Ⅱ型・Ⅲ型などのタイプでは労働時間も相違してきますので、公正な評価結果が分かりにくいのではないかと思います。

　まして、前章で解説した職能資格制度のように、時給1,000円のうち勤続手当200円とか定めていくと、管理が大変であり、賃金を受給するアルバイト・パートさん自身が明細書を

みても、評価の内容がよく理解できないのではないかと思います。

　あえて職種の経験度において時給単価を上げるときはⅢ型をさらに初級・中級・上級のような水準で時給単価を決めておいて対応すればいいのではないかと思います。そのレベルの中で能力を評価して職能手当などを検討してもいいのではないかと思います。

　また、職種により時給単価は勤続年数とか能力・経験など関係なく原則一律ですが、かりに、2年目の更新のときに、時給1,000円で契約したが、時給1,000円の仕事ができないということであれば、契約を更新しないか、または時給単価の減額という考えになってくると思います。

　基本的にアルバイト・パートさんの賃金は、与えられた仕事ができるかできないかで評価されるものであり、できなければ、職種変更か契約を更新しないというのが資金的に余裕のない中小企業の取らざるを得ない戦略であると思います。従ってアルバイト・パートさんの雇用については、あくまでも1年ごとなどの更新で毎年契約をしていくべきであると思います。更新契約であれば、仕事ができないということで期間満了で雇用契約を打ち切ることは、不当解雇とかであとで裁判にまでなるケースは少ないと思いますので、雇用のリスク対策にもなってくると思います。ただし、更新も5年を経過した場合は、労働契約法の改正により平成25年4月1日よ

り起算して通算5年を超えたときは、労働者が申し込めば期間の定めのない労働契約としなければなりません。

　そして、アルバイト・パートさんで評価が高く、会社も正規従業員として登用してもいいと考えるのであれば、正規従業員への道を開き、雇用期間も更新型から期間の定めがない契約に転換していくようにしていくべきではないかと、私は思っています。もちろん賃金も時給から月給に変更していくべきであると思います。

　このような、アルバイト・パートさんから正規従業員を登用していくというやりかたは、いきなり正規従業員に採用するよりは、雇用のミスマッチは非常に低減していくのではないかと思います。

「具体的な賃金設定事例」

（石川県の場合）

職種 コンビニ店員	時給	総労働時間	基本給	職能手当	役職手当	合　計
Ⅰ型	830円	63時間	52,290円	―	―	52,290円
Ⅱ型	850円	84時間	71,400円	―	―	71,400円
Ⅲ型	900円	126時間	113,400円	―	―	113,400円
Ⅲ型	900円	126時間	113,400円	5,000円	―	118,400円
Ⅲ型主任	900円	126時間	113,400円	10,000円	5,000円	128,400円
Ⅲ型係長	900円	126時間	113,400円	15,000円	15,000円	143,400円
Ⅲ型店長	900円	126時間	113,400円	20,000円	30,000円	163,400円

「具体的な賃金設定事例」

(東京の場合)

職種 コンビニ店員	時給	総労働時間	基本給	職能手当	役職手当	合 計
Ⅰ型	930円	63時間	58,590円	—	—	58,590円
Ⅱ型	950円	84時間	79,800円	—	—	79,800円
Ⅲ型	1,000円	126時間	126,000円	—	—	126,000円
Ⅲ型	1,000円	126時間	126,000円	5,000円	—	131,000円
Ⅲ型主任	1,000円	126時間	126,000円	10,000円	5,000円	141,000円
Ⅲ型係長	1,000円	126時間	126,000円	15,000円	15,000円	156,000円
Ⅲ型店長	1,000円	126時間	126,000円	20,000円	30,000円	176,000円

6 昇給、賃金以外の報酬などの仕組みはどうすればいいか

　社長さん次はアルバイト・パートさんの賞与について考えてみたいと思います。賞与は就業規則で何カ月分支給すると定めなければ、支払わなくてもOKです。アルバイト・パートさんの中には、税法上の扶養家族年収103万円・社会保険の扶養の条件である年収130万円未満という壁があり、それ以上収入があると困るというパートさんの存在を考えないわけにはいきません。

　正規従業員であれば、賞与は必要であると考えますが、パートさんの雇用に関しては、一律に支給できないということも

考えられますので、賞与に関しては原則支給なしでもいいのではないかと思います。仮に支給する財源があるのであれば、時給単価をその分アップして求人に有利になるような選択を考えるべきではないかと思います。時には当たり前に支払っている通勤費も支給しなさいと労働基準法に定めがないのですから支給しないで、その分賞与と同じように時給単価のアップを考えてもいいのではないかと私は思います。そのことにより求人において他社よりも有利な展開ができるようになります。

　次章で詳しく解説しますが、賞与に代わるものとして退職金制度を考えてもいいのではないかと思います。賞与を支給している会社でも私の経験では5万円から10万円が多いような気がします。いかがでしょうか？

　先程の税法上の103万円の壁について、今一度しっかり考えてみたいと思います。私は社会保険労務士の仕事がら給与計算の仕事もあります。その業務を通して思うのは、そのほとんどが、本当の扶養控除による税金の還付額も分からずにただ103万円こえると38万円税金が多くなってしまうといった感覚の方が非常に多いということです。この38万円はご主人の課税所得からこの金額を控除して残った控除後の課税所得に対して10％とか20％の所得税が課せられるというものです。サラリーマンであれば平成25年現在課税所得195万円以下であれば5％・195万円を超え330万円以下であれば10％・

330万円を超え695万円以下であれば20％（復興特別所得税をのぞく）となっており、日本の平均的なサラリーマンである、給与収入500万円ほどであればほとんどが所得税率10％該当の方ではないかと思います。ですから、大多数のサラリーマンは10％で年に3万8千円所得税が違うということになってくるのではないかと思います。さらに住民税の扶養控除33万円も考慮すれば、住民税として年に3万3千円、つまり税率10％の人で所得税と住民税の合計で年に7万1千円ちがってくるということです。ご主人の会社で家族手当があり、扶養から外れることにより毎月1万円とか5千円手当が少なくなるのであれば、この扶養の103万円の価値は十分あると思いますが、この事例のような所得税住民税減税のご家庭であればこの103万円の収入にこだわる必要はないのではないかと思います。それよりも働いたほうが有利ではないかと私は思っています。

　厚生年金の負担もありますが、老後を考えれば、厚生年金に1カ月でも加入した方がいいのではないかと思います。

　社長さん、ですからこのような背景もよく考えた上で、世間相場連動型基本給という概念を頭にいれて、自社のアルバイト・パートさんの賃金の位置づけをしっかり考えていただきたいと思っています。また、賞与を支給するときでも同様に毎月の賃金を支給するときもできれば面倒ですが、直接現金で手渡しすることをお勧めします。上場企業のように、従

業員さんが多くないのですから、上場企業以上に声掛けなどを通して直接お渡しすることをお勧めします。

そして、中小企業の社長さんはアルバイト・パートさんに賃金を支払う際に、現金の代わりによく頑張ってくれたねなどという声かけなど、別の言い方をすれば感謝の小切手を一杯切ってあげるべきだと思っています。社長さん声掛けはいくらしても経費はかかりません。

もう一点、賃金の支給の具体的運用のなかで、中小企業の社長さんにお願いしたいことを紹介したいと思います。給料を思ったほど十分渡せないなら、「社長さんの心の報酬」を一杯渡してほしいとお願いしています。どこの社長さんでも、アルバイト・パートさんには給料をできるだけ渡したいと思っていると思います。せめてこの本のテーマである、世間相場ぐらいはと思っていると思います。しかしながら、実際にはなかなか思うようにいかないのが、現実ではないかと思います。格好つけて大企業のような時給を支払い続ければ経営はたいへん厳しいものになってくるかもしれません。ですから社長さん、世間相場より自社の賃金が低いと思われるなら、愛情いっぱい「社長さんの心の報酬」をあたえたらいいのではないかと思います。いくら与えても経費はかかりません。社長さん考えてもみてくだい。賃金さえよければ人は満足するかというと、そんなこともないと思います。私は、人が働いて得られる本当の報酬は、次の五つであると思います。

①**感動**（お客様からありがとうと言って喜んでもらえること）
②**お金**（豊かに生活をするため、昇給・昇格などの賃金による評価）
③**成長**（去年よりも今年の自分が成長していると実感すること）
④**信頼**（この仕事を通して、お客様・同僚・社長さんに評価されていると思うこと）
⑤**愛情**（社長さんの会社に勤務することにより得られることができる人間関係・絆）

　このように考えると、毎月の賃金は、働いて得られる報酬の一部でしかないともいえます。社長さん上記のお金以外の報酬がアルバイト・パートさんにあたえられていたでしょうか？もし、あまりあたえていないと思われた社長さんであれば、明日からでもすぐにできることです。経費のあまり係らない、「社長さんの心の報酬」をアルバイト・パートさんに一杯渡す工夫をされたらいかがかと思います。これらの対応はアルバイト・パートさんだけでなくすべての従業員さんへの対応も同じことだと私は思っています。

7　世間相場連動型基本給の決定のステップとその流れ

　これまで、世間相場連動型基本給の考え方などを記載して

きましたが、この決定のステップを再確認したいと思います。
「ステップ1」
　賃金センサスのデータの活用事例
　　その1　必要な職種別の短時間労働者の1時間当たりの給与額をピックアップする。
　賃金センサス以外の職安や民間のデータの活用事例
　　その1　必要な職種別の1時間当たりの時給を地元職安の求人票や民間の求人広告雑誌などから拾い出し、最も多いと思われる時給をピックアップする。
「ステップ2」
　賃金センサスのデータ活用の職種別は全国平均であるので、地方の実態にデータを修正する必要があります。そのためこの本では、国の最低賃金の格差の比率で、データを修正することにします。石川県の場合ですと全国平均の金額が764円なので石川県の704円との比率704／764＝92.1％東京都の場合ですと869円との比率869／764＝113.7％、データを再計算するかたちで世間相場の時給を決めます。
　賃金センサス以外のデータの活用で全国版しかなければ、上記と同じ考えで世間相場を決めます。
「ステップ3」
　世間相場の金額が決まりましたら、賃金の決め方の4つの視点から判断して自社の世間相場連動型基本給を決定します。
　次のような表にまとめられると思います。

3章　アルバイト・パートさんの賃金の決め方

賃金センサス活用の時

(石川県の場合)（単位：円）

職　種	世間相場全国版マイナス50円（＝データから50円マイナスした額）	地方版への修正率（石川県の時）	世間相場地方版	地元の最低賃金石川県	自社の新しい正社員の時給単価	自社の世間相場連型基本給
スーパー販売員（女）	839	92.1%	773	704	1,000	800
看　護　師（男）	1,353	92.1%	1,246	704	1,400	1,300
薬　剤　師（女）	2,249	92.1%	2,071	704	2,300	2,100
接客娯楽業（女）	1,064	92.1%	980	704	1,100	980
ビル清掃員（女）	842	92.1%	775	704	1,000	780

賃金センサス活用の時

(東京の場合)（単位：円）

職　種	世間相場全国版マイナス50円（＝データから50円マイナスした額）	東京版への修正率	世間相場東京都版	地元の最低賃金東京都	自社の新しい正社員の時給単価	自社の世間相場連型基本給
スーパー販売員（女）	839	113.7%	954	869	1,200	960
看　護　師（男）	1,353	113.7%	1,538	869	1,600	1,540
薬　剤　師（女）	2,249	113.7%	2,557	869	2,600	2,560
接客娯楽業（女）	1,064	113.7%	1,210	869	1,300	1,220
ビル清掃員（女）	842	113.7%	957	869	1,200	960

かりに石川県で、自社の新人の月給が17万円で月170時間勤務の会社であれば時給単価1,000円になりますので表の事例のように決定できると思います。

　最終の決定のときには、石川県の最低賃金と自社の社員の時給単価と地元の世間相場より、相場より上で行くか、とんとんでいくか、下げていくかを社長さんの経営判断で決めてから最終の世間相場連動型基本給が決定されます。

　もちろん、賃金センサスのデータを使わないで、世間相場の時給からでしたら、地方版への修正なしで決定になります。

その他データ活用の時

職　　種	世間相場	地元の最低賃金	自社の新しい社員の時給単価	自社の世間相場連動型基本給
スーパー販売員				
事　務　員				

　職種の中の事務員は賃金センサスの職種別のデータにはないので、同じく短時間労働者の都道府県版のデータを参照すれば業種ごとのデータが掲載されていますので、そのデータでおおよその目処は立つと思います。同じ考えで先ほどの職種別のデータがなければ、この業種別でおおむね判断ができると思います。ご参考のため都道府県別の産業別の全国版と東京都と石川県のデータを掲載します。

3章 アルバイト・パートさんの賃金の決め方

平成24年賃金構造基本統計調査

(短時間労働者)都道府県別第1表

短時間労働者の1時間当たり所定内給与額及び年間賞与その他特別給与額

表頭分割	01
都道府県	全国

区分	男 年齢	勤続年数	実労働日数	1日当たり所定内実労働時間数	1時間当たり所定内給与額	年間賞与その他特別給与額	労働者数	女 年齢	勤続年数	実労働日数	1日当たり所定内実労働時間数	1時間当たり所定内給与額	年間賞与その他特別給与額	労働者数
	歳	年	日	時間	円	千円	十人	歳	年	日	時間	円	千円	十人
企業規模計 (10人以上)														
T 1 産 業 計	41.4	4.7	15.8	6.5	1094	32.7	191 282	45.1	5.6	17.3	5.3	1001	32.3	530 848
C 鉱業,採石業,砂利採取業	58.2	10.0	14.6	7.2	1336	111.2	27	52.8	9.5	17.7	6.1	1228	120.4	22
D 建 設 業	60.8	10.1	14.5	7.1	1289	77.5	2 662	47.4	6.5	17.3	5.8	1001	65.8	2 945
E 製 造 業	54.5	9.8	17.8	6.4	1199	94.5	13 824	48.6	7.5	19.1	5.9	895	52.0	54 181
F 電気・ガス・熱供給・水道業	63.6	13.8	13.9	7.5	1561	304.1	155	43.4	5.6	18.5	5.8	1162	143.1	286
G 情 報 通 信 業	48.7	18.2	13.1	7.2	1413	431.9	1 147	42.5	7.7	16.7	6.1	1257	195.6	2 279
H 運 輸 業,郵 便 業	52.9	6.6	17.5	6.2	1117	39.1	16 599	46.5	6.0	19.2	5.4	915	27.7	16 814
I 卸売業,小売業	35.5	4.2	17.1	4.9	1011	17.4	57 428	44.8	6.1	19.2	5.2	940	29.3	170 661
J 金融業,保険業	56.7	9.7	16.3	6.4	1541	168.6	833	47.1	6.2	17.0	6.0	1162	58.6	11 466
K 不動産業,物品賃貸業	52.8	4.3	17.2	5.9	1012	48.8	4 401	46.5	5.1	17.6	5.3	976	34.2	5 916
L 学術研究,専門・技術サービス業	52.2	7.8	14.1	6.4	1873	200.2	1 860	43.3	5.7	17.1	6.0	1153	71.0	4 603
M 宿泊業,飲食サービス業	28.0	2.4	13.7	5.1	925	2.6	38 132	37.9	4.0	15.3	4.9	901	5.5	89 183
N 生活関連サービス業,娯楽業	37.1	3.4	15.2	5.9	1049	15.8	10 508	42.8	5.3	16.5	5.5	1025	18.1	26 068
O 教育,学習支援業	36.0	3.6	11.6	4.3	1533	43.9	9 271	39.4	4.8	14.1	4.8	1332	32.9	15 466
P 医 療,福 祉	52.3	4.6	15.9	5.7	1445	54.8	12 035	48.5	5.1	16.3	5.4	1224	57.5	82 750
Q 複合サービス事業	54.9	9.0	17.7	6.6	1188	126.6	362	47.8	6.8	18.1	6.0	954	55.7	1 399
R サービス業(他に分類されないもの)	54.8	4.4	16.1	5.9	1055	20.3	22 037	52.0	5.1	17.9	5.0	990	14.8	46 790
1,000人以上														
T 1 産 業 計	34.5	3.9	15.5	5.4	1054	34.6	78 472	43.0	5.5	17.2	5.3	998	32.4	216 832
C 鉱業,採石業,砂利採取業	-	-	-	-	-	-	-	36.5	4.5	17.3	6.0	1490	799.7	1
D 建 設 業	59.8	22.7	16.4	7.2	1427	302.0	234	43.8	6.8	16.6	6.6	1141	172.3	382
E 製 造 業	48.1	10.5	17.3	6.7	1273	157.5	3 029	47.7	7.4	18.6	6.0	1017	95.2	7 950
F 電気・ガス・熱供給・水道業	62.8	8.5	13.2	7.0	1592	366.0	89	40.9	8.8	19.7	5.8	1164	134.0	213
G 情 報 通 信 業	52.0	27.4	12.8	7.3	1193	461.1	535	42.9	10.9	15.9	6.2	1459	394.7	807
H 運 輸 業,郵 便 業	43.7	5.0	19.5	5.7	1085	61.9	6 866	45.3	5.8	19.8	5.3	931	31.3	9 782
I 卸売業,小売業	31.2	3.7	16.6	5.3	969	19.9	26 214	45.3	6.4	18.5	5.3	932	35.5	95 964
J 金融業,保険業	56.7	8.2	16.5	6.7	1529	174.9	630	47.1	6.1	16.8	5.9	1173	55.2	10 144
K 不動産業,物品賃貸業	52.8	4.0	18.2	5.8	980	53.5	2 404	46.7	5.0	17.7	5.0	957	30.6	2 399
L 学術研究,専門・技術サービス業	46.6	7.0	14.1	6.1	1911	211.6	589	43.0	5.1	17.2	5.9	1167	58.6	1 476
M 宿泊業,飲食サービス業	26.4	2.3	13.4	5.1	940	2.5	22 036	35.1	3.6	14.7	4.9	922	4.4	45 593
N 生活関連サービス業,娯楽業	30.8	3.0	15.0	5.9	1060	19.9	4 162	36.4	4.2	15.5	5.8	1090	23.2	8 671
O 教育,学習支援業	31.1	2.8	10.3	4.4	1560	53.7	4 022	36.8	3.6	13.5	5.1	1342	27.8	6 197
P 医 療,福 祉	45.3	3.9	16.6	5.3	1398	42.7	1 774	45.2	4.7	16.7	5.5	1395	60.3	9 737
Q 複合サービス事業	52.2	9.8	17.7	6.6	1189	157.9	235	46.9	6.8	17.2	6.3	996	70.2	753
R サービス業(他に分類されないもの)	49.3	4.0	15.9	5.9	1107	19.3	5 652	49.0	5.0	17.5	5.1	1066	13.0	16 763

83

区　分	男 年齢	勤続年数	実労働日数	1日当たり所定内実労働時間数	1時間当たり所定内給与額	年間賞与その他特別給与額	労働者数	女 年齢	勤続年数	実労働日数	1日当たり所定内実労働時間数	1時間当たり所定内給与額	年間賞与その他特別給与額	労働者数
	歳	年	日	時間	円	千円	十人	歳	年	日	時間	円	千円	十人
100～999人														
T 1 産業計	46.8	5.0	16.2	5.6	1106	38.4	50 988	46.7	5.5	17.7	5.4	1005	37.0	147 983
C 鉱業,採石業,砂利採取業	60.3	14.9	14.8	6.5	1770	192.9	3	49.2	11.6	20.0	5.8	1047	132.5	5
D 建設業	60.3	13.0	16.1	6.6	1418	157.8	374	51.1	8.4	17.8	5.6	961	81.8	477
E 製造業	53.3	8.6	18.1	6.4	1115	104.2	5 035	48.3	7.3	19.4	6.1	902	59.1	18 996
F 電気・ガス・熱供給・水道業	63.7	7.1	16.1	7.5	1720	292.2	36	50.6	8.2	18.2	6.1	1223	211.4	55
G 情報通信業	43.4	13.5	13.2	7.3	1620	537.9	370	42.4	6.9	17.1	6.2	1154	119.1	885
H 運輸業,郵便業	59.5	9.1	16.6	6.5	1114	31.0	4 782	46.3	5.3	18.3	5.7	879	24.5	4 479
I 卸売業,小売業	39.7	4.3	18.1	5.0	1038	22.6	8 675	45.5	6.1	18.9	5.3	929	27.4	30 502
J 金融業,保険業	60.9	18.7	16.9	6.7	1484	193.3	120	46.4	6.8	18.4	6.1	1035	66.6	1 048
K 不動産業,物品賃貸業	50.8	4.3	16.3	5.9	1005	33.9	1 006	45.4	4.8	17.8	5.7	1013	44.2	1 799
L 学術研究,専門・技術サービス業	54.5	8.7	14.5	6.6	1841	232.6	492	43.6	5.8	16.9	6.0	1158	83.9	1 357
M 宿泊業,飲食サービス業	29.0	2.5	14.1	5.1	910	2.4	8 219	39.4	4.2	16.1	5.0	883	7.2	20 662
N 生活関連サービス業,娯楽業	38.8	3.1	15.0	5.9	1070	11.3	3 057	44.3	5.2	16.6	5.4	1009	15.8	8 127
O 教育,学習支援業	36.8	4.0	11.9	4.2	1579	48.0	2 613	39.4	5.1	14.2	4.8	1441	44.6	4 074
P 医療,福祉	54.8	4.0	16.2	5.7	1371	50.3	5 362	48.7	5.2	17.0	5.6	1194	63.8	34 489
Q 複合サービス事業	59.3	5.1	17.8	6.3	1161	80.2	84	48.4	7.0	19.7	5.5	901	41.3	504
R サービス業(他に分類されないもの)	56.6	4.2	16.9	5.9	1009	17.7	10 760	53.5	5.0	18.3	4.8	940	15.0	20 524
10～99人														
T 1 産業計	45.8	5.4	16.0	5.3	1136	25.7	61 823	46.4	5.8	16.9	5.2	1002	28.1	166 032
C 鉱業,採石業,砂利採取業	58.0	9.4	14.5	7.3	1278	100.4	24	55.4	9.2	16.8	6.2	1272	61.5	15
D 建設業	61.0	8.1	14.0	7.1	1249	36.9	2 054	47.2	6.1	17.3	5.7	985	42.6	2 086
E 製造業	59.0	10.4	17.9	6.1	1233	52.9	5 760	49.0	7.7	19.1	5.8	855	34.5	27 235
F 電気・ガス・熱供給・水道業	65.9	4.9	13.4	7.0	1488	133.1	30	51.6	6.2	16.2	5.0	958	44.9	18
G 情報通信業	41.5	11.1	13.8	6.9	1582	204.9	242	42.3	4.4	17.2	6.0	1136	37.3	587
H 運輸業,郵便業	59.3	6.4	15.4	6.6	1165	15.3	4 951	49.7	7.7	18.4	5.4	914	19.9	2 553
I 卸売業,小売業	38.9	4.8	17.3	4.5	1049	12.5	22 539	43.1	5.6	17.0	4.8	965	17.1	44 195
J 金融業,保険業	59.8	8.0	14.1	6.4	1910	85.8	84	49.0	7.9	17.6	5.9	1228	154.7	274
K 不動産業,物品賃貸業	54.9	4.9	15.6	6.1	1097	52.4	991	47.0	5.5	17.2	5.5	964	28.6	1 718
L 学術研究,専門・技術サービス業	55.0	7.7	13.9	6.5	1866	171.1	779	43.3	6.2	17.2	6.0	1138	71.5	1 769
M 宿泊業,飲食サービス業	31.4	2.7	13.9	5.2	898	2.9	7 877	42.1	4.5	15.8	4.9	876	6.2	22 927
N 生活関連サービス業,娯楽業	43.4	4.2	15.6	5.9	1017	14.8	3 288	47.6	6.3	17.5	5.4	980	15.3	9 270
O 教育,学習支援業	42.5	4.9	13.3	4.1	1446	26.1	2 636	42.6	6.0	14.6	4.5	1235	29.7	5 195
P 医療,福祉	52.2	5.5	15.3	5.4	1544	64.2	4 898	49.1	5.1	15.7	5.2	1207	51.3	38 543
Q 複合サービス事業	60.8	12.0	17.3	6.7	1233	47.0	43	50.4	6.2	18.0	5.7	919	30.3	143
R サービス業(他に分類されないもの)	56.9	5.2	15.5	6.1	1090	26.4	5 625	53.9	5.5	17.5	5.0	963	17.5	9 502

3章 アルバイト・パートさんの賃金の決め方

平成24年賃金構造基本統計調査

(短時間労働者)都道府県別第1表
短時間労働者の1時間当たり所定内給与額及び年間賞与その他特別給与額

表頭分割	01
都道府県	東京

区分	男 年齢	男 勤続年数	男 実労働日数	男 1日当たり所定内実労働時間数	男 1時間当たり所定内給与額	男 年間賞与その他特別給与額	男 労働者数	女 年齢	女 勤続年数	女 実労働日数	女 1日当たり所定内実労働時間数	女 1時間当たり所定内給与額	女 年間賞与その他特別給与額	女 労働者数
	歳	年	日	時間	円	千円	十人	歳	年	日	時間	円	千円	十人
企業規模計(10人以上)														
T 1 産業計	40.8	4.7	15.3	5.8	1234	45.5	28 800	43.7	5.2	16.3	5.4	1182	36.4	64 397
C 鉱業,採石業,砂利採取業	64.5	3.8	19.0	6.5	1419	0.0	0	47.8	12.9	16.5	6.4	1596	715.0	2
D 建設業	51.3	10.2	12.1	6.7	2163	147.7	83	39.3	5.5	18.0	6.2	1305	171.6	259
E 製造業	58.2	7.5	19.0	6.2	1216	179.7	969	48.4	8.6	20.4	5.9	983	88.4	2 998
F 電気・ガス・熱供給・水道業	63.6	3.8	15.4	7.4	1727	459.2	44	51.6	8.4	16.1	6.4	1110	143.9	32
G 情報通信業	51.3	22.0	14.1	7.3	1665	870.8	335	43.5	11.3	15.9	6.0	1591	505.5	361
H 運輸業,郵便業	54.8	7.9	15.4	7.0	1344	40.0	2 817	44.9	4.2	18.5	5.4	1028	22.3	1 110
I 卸売業,小売業	33.8	4.0	15.5	6.1	1107	22.2	7 632	43.7	5.7	17.3	5.6	1087	39.1	20 148
J 金融業,保険業	59.8	11.2	15.6	6.8	1967	270.6	184	47.8	4.9	15.6	5.9	1376	48.1	1 997
K 不動産業,物品賃貸業	60.5	5.0	18.3	5.8	1121	75.7	1 255	51.5	6.6	17.6	5.0	1146	72.4	1 118
L 学術研究,専門・技術サービス業	49.9	5.6	12.6	6.6	2005	141.0	457	41.8	5.1	16.2	6.5	1281	128.4	734
M 宿泊業,飲食サービス業	28.4	2.8	13.6	5.4	1053	2.7	6 769	34.6	3.5	14.1	5.0	1022	3.9	12 308
N 生活関連サービス業,娯楽業	32.0	3.6	16.3	6.4	1152	35.8	1 047	40.6	4.5	16.3	6.0	1108	23.4	1 812
O 教育,学習支援業	35.4	4.0	10.7	4.7	1665	609.9	1 645	39.7	4.3	12.9	5.3	1447	47.5	2 823
P 医療,福祉	49.0	4.5	15.9	6.0	1787	21.6	1 265	48.9	5.6	16.0	5.0	1529	49.8	9 056
Q 複合サービス事業	46.3	3.1	20.1	6.4	1219	51.1	46	46.6	6.5	17.8	5.3	1147	53.7	78
R サービス業(他に分類されないもの)	52.7	4.6	17.2	5.6	1231	28.4	4 281	49.4	5.4	17.0	5.3	1211	9.0	9 563
1,000人以上														
T 1 産業計	35.6	4.2	15.2	5.5	1182	44.3	14 806	41.7	5.0	16.1	5.4	1141	32.7	32 738
C 鉱業,採石業,砂利採取業	-	-	-	-	-	-	-	36.0	5.0	19.0	7.5	1896	1137.6	1
D 建設業	66.0	7.0	10.5	7.5	3808	583.0	20	34.9	9.3	17.9	5.6	1671	456.6	47
E 製造業	48.3	12.7	17.0	6.0	1281	219.4	144	46.2	6.8	18.9	5.4	1223	146.2	564
F 電気・ガス・熱供給・水道業	61.0	3.5	15.1	7.5	1686	642.0	24	49.9	8.9	16.8	6.6	1142	169.1	27
G 情報通信業	55.9	28.9	12.0	7.4	1239	742.5	182	46.7	14.5	13.6	6.8	1726	849.3	190
H 運輸業,郵便業	37.7	5.5	15.7	6.0	1358	93.0	979	42.3	3.6	19.8	5.2	1057	36.2	640
I 卸売業,小売業	30.9	4.2	16.4	5.8	1082	21.9	3 942	44.9	6.2	17.6	5.5	1048	40.5	11 514
J 金融業,保険業	59.1	10.6	15.9	6.9	2013	270.5	145	47.9	4.8	15.5	5.9	1385	48.0	1 855
K 不動産業,物品賃貸業	59.4	5.0	19.2	5.7	1070	93.5	937	51.9	6.0	17.6	4.4	1073	60.0	611
L 学術研究,専門・技術サービス業	45.4	3.5	16.0	6.7	2063	78.4	64	41.3	5.6	16.1	6.4	1234	99.8	143
M 宿泊業,飲食サービス業	27.6	2.8	13.6	5.4	1051	2.6	4 933	33.0	3.3	13.8	5.1	1017	2.5	8 565
N 生活関連サービス業,娯楽業	27.7	2.6	16.4	6.3	1134	23.5	454	36.1	4.0	14.7	6.2	1101	15.3	633
O 教育,学習支援業	37.1	3.9	9.4	4.7	1604	88.1	1 018	38.0	3.2	12.6	5.3	1378	38.3	1 595
P 医療,福祉	41.7	5.5	18.8	6.4	1709	29.8	397	41.7	4.7	17.0	6.4	1576	46.5	1 406
Q 複合サービス事業	42.8	2.6	21.0	6.4	1180	49.9	14	47.0	7.0	18.3	5.2	1183	59.4	64
R サービス業(他に分類されないもの)	46.7	3.8	16.2	5.5	1231	21.9	1 664	46.6	4.6	16.7	5.2	1267	1.7	4 885

85

区 分	男 年齢	勤続年数	実労働日数	1日当たり所定内実労働時間数	1時間当たり所定内給与額	年間賞与その他特別給与額	労働者数	女 年齢	勤続年数	実労働日数	1日当たり所定内実労働時間数	1時間当たり所定内給与額	年間賞与その他特別給与額	労働者数
	歳	年	日	時間	円	千円	十人	歳	年	日	時間	円	千円	十人
100～999人														
T 1産業計	48.1	5.4	16.1	6.0	1289	59.0	7 713	45.9	5.5	17.2	5.6	1220	41.1	16 553
C 鉱業,採石業,砂利採取業	61.5	1.5	22.0	6.0	1108	0.0	0	59.5	20.8	14.0	5.3	1297	292.4	1
D 建設業	65.5	45.5	15.0	8.0	1756	0.0	9	36.6	7.6	20.4	7.0	1453	267.0	67
E 製造業	60.5	5.6	18.8	6.9	1295	303.9	410	48.4	9.2	20.7	6.2	918	127.4	974
F 電気・ガス・熱供給・水道業	65.9	4.1	15.4	7.8	1885	271.9	16	-	-	-	-	-	-	-
G 情報通信業	52.5	23.5	18.4	7.2	2806	2050.0	75	44.2	11.4	20.3	4.9	1473	189.5	103
H 運輸業,郵便業	62.0	13.0	16.3	7.6	1268	20.5	943	48.2	5.3	16.9	5.8	983	3.0	378
I 卸売業,小売業	36.7	3.0	16.2	5.8	1148	14.4	1 623	42.7	5.3	18.4	6.2	1101	27.8	4 078
J 金融業,保険業	62.0	14.0	15.0	6.2	1792	285.3	33	47.3	6.0	16.1	5.4	1196	45.9	125
K 不動産業,物品賃貸業	61.7	4.4	16.9	5.8	1063	13.1	298	51.1	7.5	17.9	5.7	1217	96.9	420
L 学術研究,専門・技術サービス業	49.2	6.7	10.0	6.6	2042	159.6	156	44.6	5.1	16.3	6.9	1352	172.7	264
M 宿泊業,飲食サービス業	30.0	2.8	14.0	5.5	1086	2.8	1 020	37.6	3.6	14.6	5.1	1017	8.3	1 978
N 生活関連サービス業,娯楽業	32.2	2.9	15.1	6.2	1180	35.5	352	41.1	3.6	16.5	6.1	1175	33.2	684
O 教育,学習支援業	39.9	4.3	12.2	4.8	1920	41.1	327	39.5	4.0	13.6	5.4	1635	48.9	674
P 医療,福祉	53.9	4.1	13.3	5.8	1849	12.0	570	50.1	6.2	16.7	5.2	1547	53.0	3 493
Q 複合サービス事業	70.4	4.6	12.9	6.7	1372	74.5	1	46.0	4.2	14.0	5.6	974	25.2	10
R サービス業(他に分類されないもの)	57.9	5.3	18.5	5.6	1168	29.4	1 880	51.2	5.5	17.4	5.0	1165	16.5	3 304
10～99人														
T 1産業計	44.0	4.8	14.8	6.0	1288	31.7	6 281	45.9	5.4	15.9	5.1	1228	39.3	15 105
C 鉱業,採石業,砂利採取業	70.5	8.5	13.0	7.5	2041	0.0	0	-	-	-	-	-	-	-
D 建設業	43.5	5.5	12.1	6.2	1622	11.3	54	42.0	3.3	16.9	6.1	1118	36.3	145
E 製造業	59.3	7.6	20.0	6.6	1116	43.6	416	49.3	9.0	20.8	5.8	934	40.0	1 459
F 電気・ガス・熱供給・水道業	70.6	3.8	16.9	4.8	1323	73.7	4	61.5	5.8	12.0	5.5	924	0.0	5
G 情報通信業	39.4	4.7	14.8	7.4	1564	36.1	78	33.8	2.1	15.8	5.8	1394	27.4	69
H 運輸業,郵便業	66.0	5.1	14.1	7.5	1408	2.6	894	50.3	3.5	15.6	4.6	1006	4.4	91
I 卸売業,小売業	31.3	4.5	14.1	5.8	1121	29.2	2 068	41.6	4.8	15.5	5.5	1175	45.5	4 556
J 金融業,保険業	62.8	8.7	13.6	6.8	1814	192.1	6	44.7	6.5	17.1	6.3	1740	73.2	18
K 不動産業,物品賃貸業	66.4	6.4	15.6	6.3	1577	105.6	130	50.8	7.2	15.6	5.5	1316	41.7	87
L 学術研究,専門・技術サービス業	51.6	5.4	13.3	6.6	1966	145.7	237	39.7	4.8	16.1	6.3	1245	105.0	327
M 宿泊業,飲食サービス業	30.8	2.5	13.5	5.5	1027	2.5	815	38.5	3.8	14.7	5.0	1049	3.6	1 766
N 生活関連サービス業,娯楽業	40.0	6.3	17.7	6.6	1147	59.3	242	45.8	6.3	17.9	5.7	1026	20.3	495
O 教育,学習支援業	42.9	6.5	11.7	4.4	1596	33.8	301	44.9	7.5	13.0	5.3	1417	72.0	554
P 医療,福祉	49.4	3.9	17.1	5.7	1773	29.2	298	50.5	5.4	15.0	4.4	1499	48.2	4 157
Q 複合サービス事業	65.5	10.0	18.0	7.4	1625	30.0	1	41.5	5.4	18.6	6.6	975	30.6	3
R サービス業(他に分類されないもの)	53.0	4.8	16.0	5.9	1391	40.3	738	55.2	5.4	17.1	5.0	1124	17.3	1 374

3章 アルバイト・パートさんの賃金の決め方

平成24年賃金構造基本統計調査
(短時間労働者) 都道府県別第1表
短時間労働者の1時間当たり所定内給与額及び年間賞与その他特別給与額

表頭分割	01
都道府県	石川

	男							女					
区 分	年齢	勤続年数	実労働日数	1日当たり所定内実労働時間数	1時間当たり所定内給与額	年間賞与その他特別給与額	労働者数	年齢	勤続年数	実労働日数	1日当たり所定内実労働時間数	1時間当たり所定内給与額	年間賞与その他特別給与額	労働者数
	歳	年	日	時間	円	千円	十人	歳	年	日	時間	円	千円	十人
企業規模計 (10人以上)														
T1 産業計	42.2	5.7	16.3	5.1	1088	30.6	1 622	45.3	6.0	18.2	5.2	979	34.5	4 130
C 鉱業,採石業,砂利採取業	65.5	6.0	21.0	8.0	1588	0.0	0	38.5	9.5	14.0	8.0	850	50.0	0
D 建 設 業	62.0	8.8	14.7	6.8	1250	59.0	33	40.2	5.5	17.3	5.3	1302	16.3	22
E 製 造 業	56.0	15.7	17.7	6.0	1105	77.0	163	48.2	8.5	20.4	6.2	901	66.7	498
F 電気・ガス・熱供給・水道業	-	-	-	-	-	-	-	40.1	20.1	21.0	6.4	2661	1275.0	2
G 情報通信業	48.4	22.8	18.5	6.7	1341	398.7	5	41.9	8.5	19.4	6.2	1365	332.8	19
H 運輸業,郵便業	51.9	8.5	19.1	5.7	1084	55.4	221	46.3	7.0	20.2	5.0	844	45.1	189
I 卸売業,小売業	37.3	4.0	17.4	4.6	963	18.7	454	44.1	6.1	18.3	5.2	955	21.0	1 456
J 金融業,保険業	34.9	4.5	9.9	5.1	1061	8.1	8	47.7	9.1	18.1	5.6	991	39.9	145
K 不動産業,物品賃貸業	31.5	3.0	15.0	5.8	924	0.3	50	36.1	3.5	18.4	5.9	843	5.9	67
L 学術研究,専門・技術サービス業	58.4	3.9	17.0	6.9	864	0.0	6	43.4	6.5	19.3	5.5	997	30.1	25
M 宿泊業,飲食サービス業	30.3	2.3	13.8	4.9	926	1.9	293	41.3	4.3	15.1	4.8	906	6.8	700
N 生活関連サービス業,娯楽業	29.8	3.1	13.0	4.9	956	5.6	97	42.0	4.7	16.2	5.3	1022	8.7	164
O 教育,学習支援業	32.2	4.4	12.3	4.1	1310	67.6	99	36.1	4.2	15.3	4.1	1174	33.7	138
P 医療,福祉	55.3	3.7	19.5	4.0	3545	24.2	48	47.7	5.8	18.8	5.3	1413	108.3	349
Q 複合サービス事業	59.2	17.4	15.3	6.9	1454	307.0	4	45.0	5.0	17.9	6.1	914	66.9	12
R サービス業(他に分類されないもの)	61.2	5.3	16.6	6.0	925	15.0	142	57.8	5.2	19.7	4.6	853	14.7	345
1,000人以上														
T1 産業計	37.2	5.0	17.1	5.8	990	45.9	521	44.7	6.1	18.1	5.4	957	26.5	1 394
C 鉱業,採石業,砂利採取業	-	-	-	-	-	-	-	-	-	-	-	-	-	-
D 建 設 業	69.5	16.5	18.0	8.0	1747	100.0	2	41.5	4.5	18.0	7.0	1079	100.0	2
E 製 造 業	50.9	20.4	16.0	7.0	1321	357.8	19	51.8	5.2	19.0	5.5	907	22.2	55
F 電気・ガス・熱供給・水道業	-	-	-	-	-	-	-	40.1	20.1	21.0	6.4	2661	1275.0	2
G 情報通信業	53.8	30.2	17.5	6.3	1490	531.6	4	41.8	6.4	19.4	6.0	1270	139.8	5
H 運輸業,郵便業	48.5	7.8	20.2	6.3	1052	71.1	115	47.6	8.4	21.6	5.3	931	56.4	95
I 卸売業,小売業	35.3	3.5	17.1	5.6	907	24.8	161	43.8	6.5	18.1	5.5	960	27.5	599
J 金融業,保険業	35.9	4.5	17.9	6.6	1504	21.7	2	47.9	9.2	18.1	5.6	983	36.2	138
K 不動産業,物品賃貸業	25.0	2.2	14.3	6.0	819	0.0	36	32.2	2.5	16.4	5.8	788	1.3	38
L 学術研究,専門・技術サービス業	59.5	4.0	11.8	7.3	623	0.0	2	40.5	4.6	20.5	5.8	1143	0.0	2
M 宿泊業,飲食サービス業	29.0	2.0	13.1	5.1	941	2.1	109	40.2	3.7	15.8	4.9	919	4.0	220
N 生活関連サービス業,娯楽業	25.9	1.5	14.4	5.7	938	2.4	29	30.4	2.2	14.7	6.0	937	5.8	31
O 教育,学習支援業	37.8	3.0	17.8	5.9	1171	141.7	6	34.4	4.2	17.5	5.7	1117	0.0	14
P 医療,福祉	32.5	1.8	16.3	7.7	1994	0.0	8	41.8	4.8	17.2	5.7	1395	47.2	63
Q 複合サービス事業	57.1	19.2	14.9	7.4	1512	347.4	4	45.0	5.0	17.9	6.1	914	66.9	12
R サービス業(他に分類されないもの)	52.8	5.7	21.6	6.3	948	19.2	26	59.0	6.1	20.8	4.6	797	9.0	118

87

	男							女					
区 分	年齢	勤続年数	実労働日数	1日当たり所定内実労働時間	1時間当たり所定内給与額	年間賞与その他特別給与額	労働者数	年齢	勤続年数	実労働日数	1日当たり所定内実労働時間	1時間当たり所定内給与額	年間賞与その他特別給与額	労働者数
	歳	年	日	時間	円	千円	十人	歳	年	日	時間	円	千円	十人
100～999人														
T 1産業計	43.9	5.4	15.8	5.0	1007	24.4	537	45.8	6.0	18.8	5.1	918	33.7	1 403
C 鉱業,採石業,砂利採取業	-	-	-	-	-	-	-	-	-	-	-	-	-	-
D 建設業	65.2	24.3	13.4	7.8	1793	361.5	4	38.0	6.0	18.5	6.5	968	0.0	5
E 製造業	62.6	17.0	19.9	6.1	1045	78.6	45	47.4	7.6	21.3	6.7	898	99.8	178
F 電気・ガス・熱供給・水道業	-	-	-	-	-	-	-	-	-	-	-	-	-	-
G 情報通信業	-	-	-	-	-	-	-	36.2	11.8	21.0	6.5	1455	689.5	8
H 運輸業,郵便業	60.4	11.1	20.0	4.8	1026	53.7	62	49.6	8.9	20.6	5.1	803	84.6	35
I 卸売業,小売業	37.6	3.0	16.5	4.5	933	26.5	129	46.3	7.0	19.6	4.9	866	18.2	522
J 金融業,保険業	60.5	37.5	15.0	7.0	1000	20.0	1	44.2	6.1	19.7	6.7	1183	127.1	6
K 不動産業,物品賃貸業	46.4	6.6	16.5	5.7	1014	0.0	0	39.8	4.0	17.3	6.2	888	10.3	18
L 学術研究,専門・技術サービス業	25.5	2.5	20.0	5.3	905	0.0	1	44.8	5.1	18.6	5.0	924	46.8	10
M 宿泊業,飲食サービス業	31.2	2.3	14.1	4.6	940	1.0	110	39.2	3.9	16.5	4.8	909	5.6	264
N 生活関連サービス業,娯楽業	38.7	5.0	15.1	5.8	953	11.0	13	46.2	5.5	15.5	5.1	1145	9.8	50
O 教育,学習支援業	27.3	1.6	10.4	3.9	1268	0.0	75	32.7	3.5	14.5	3.9	1176	7.7	89
P 医療,福祉	33.0	3.0	21.0	6.7	1058	50.0	6	44.5	5.8	19.9	5.0	1081	79.9	58
Q 複合サービス事業	75.5	3.5	18.0	3.5	1016	0.0	0	-	-	-	-	-	-	-
R サービス業(他に分類されないもの)	63.4	5.5	16.4	6.1	905	10.7	83	61.3	5.1	20.1	4.5	842	16.5	162
10～99人														
T 1産業計	45.3	6.6	16.0	4.7	1255	22.2	564	45.4	6.0	17.6	5.1	1067	43.8	1 333
C 鉱業,採石業,砂利採取業	56.5	6.0	21.0	8.0	1588	0.0	0	38.5	9.5	14.0	8.0	850	50.0	0
D 建設業	61.1	6.2	14.7	6.6	1147	14.8	27	40.8	5.5	16.9	4.8	1436	13.6	15
E 製造業	54.0	14.2	17.0	5.8	1091	23.6	99	48.0	9.8	20.0	6.1	902	53.8	265
F 電気・ガス・熱供給・水道業	-	-	-	-	-	-	-	-	-	-	-	-	-	-
G 情報通信業	32.0	0.5	21.5	7.6	895	0.0	0	49.8	5.8	17.2	5.9	1319	0.0	0
H 運輸業,郵便業	49.1	6.3	15.0	5.3	1251	16.4	44	42.4	3.7	17.7	4.4	726	3.3	59
I 卸売業,小売業	40.5	5.4	17.5	3.7	1042	6.7	165	41.2	4.4	16.4	4.8	1084	13.7	335
J 金融業,保険業	22.1	1.1	5.4	4.1	845	0.0	5	21.5	1.5	1.0	5.0	760	0.0	0
K 不動産業,物品賃貸業	50.5	2.6	17.6	5.9	1470	3.0	5	43.0	3.8	17.4	5.6	949	13.6	12
L 学術研究,専門・技術サービス業	63.5	4.1	21.0	6.9	1071	0.0	3	42.9	7.9	19.5	5.9	1030	22.2	13
M 宿泊業,飲食サービス業	30.9	2.5	14.4	4.9	885	2.9	76	45.0	5.5	15.8	4.8	888	11.0	216
N 生活関連サービス業,娯楽業	29.9	3.5	11.8	4.3	965	6.0	56	43.8	5.1	17.2	5.1	979	9.1	83
O 教育,学習支援業	51.1	16.9	18.4	4.2	1537	333.2	8	41.5	5.9	16.7	3.9	1192	112.4	35
P 医療,福祉	64.2	4.2	19.9	2.8	4322	25.0	34	50.2	6.1	19.0	5.3	1502	132.3	228
Q 複合サービス事業	-	-	-	-	-	-	-	-	-	-	-	-	-	-
R サービス業(他に分類されないもの)	62.4	4.6	13.5	6.4	959	22.3	33	47.1	4.1	16.8	5.0	981	20.8	65

　先ほど参照した、最低賃金と産業計賃金の都道府県別データの中の、都道府県別の1時間当たりの給与データの数字はこの表には記載しませんでしたが、この表の男性と女性の合算のデータを活用しています。詳しくは、厚生労働省の賃金センサスのデータを分析すれば、結構賃金の水準が見えてくるのではないかと思います。

　上記の石川県の10人から99人の表をしっかりみていただければ、世間相場連動型基本給で決めた金額の妥当性を再確認できると思います。例えばMの欄の宿泊業・飲食サービス業の欄をみていただければ、885円（男性）となっており交通費

分のマイナス50円していただければ835円となり、石川県の飲食サービス業の社長さんであれば、この金額は納得できる数字になってくると思います。

また他業界の賃金の水準や賞与とか勤務時間も把握できるので、社長さんお時間があれば一度は調べてもいいのではないかと思います。

「ステップ4」

採用後は、時給単価が決まったわけですので、Ⅰ型・Ⅱ型・Ⅲ型に応じて職能手当・役職手当などで日常の仕事の評価をされればいいのではないかと思います。

世間相場連動型基本給については1年か2年ごとに時給単価は見直していかなければならないと思います。

このようなプロセスを踏んでも、実際の世間相場からずれもでてくるかと思いますが、このようなプロセスを踏むことが、社長さんや人事担当者がアルバイト・パートさんと、求人の面接や、日常の業務の中で賃金の話が出てきても、自信をもって自社の賃金の会話できますので、従来からのただなんの根拠もなく漠然と時給を決めてきたころからみれば、大きく成長しているのではないかと私は思います。また、実際問題この採用時の時給相場というものは、なかなか正確には把握できない事柄だと思います。賃金センサスのデータにしても、直近の2・3カ月前のデータでもなくあくまでも過去

のデータです。現在のリアルな現実のデータではありません。このようなことを考えると昨年より、景気がかなり上昇しているのであれば、世間相場連動型基本給もその上昇分も考えなければならないのかもしれないと思います。

ここで重要な考え方は、あなたの会社の賃金時給が４つの視点で考え、決められた金額であるということです。仮に、現実の時給の実態が800円でしたが、世間相場のデータが正確につかめなくて1,000円と決定したとしても、私はこれでもいいと思います。何故なら、何の考えもなく時給1,000円と決めるのと、あなたの会社の考えで1,000円と決めるのでは、まったくその時給単価の価値が違ってくると思います。私はただ漠然と決める時給が死んだ時給、あなたの会社の意思が反映された時給は生きた時給と言えるのではないかと思う次第です。

このような取組みのように、ビジネスには社長さんの考え・意味を与えることは大事なことではないかと思います。このようなことが、やがて信頼関係を深めるキッカケの一つにもなってくると思います。

ここでうちの顧問先（石川県）で実際に実施しているアルバイト・パートの賃金の事例を紹介します。

3章 アルバイト・パートさんの賃金の決め方

「ある会社のパート賃金一覧表」

(スーパー小売業) パート9名			
職　種	人　数	時　給	職能手当
店員Ⅰ型	2名	830円	3,000円〜20,000円 毎年の能力に応じて
店員Ⅱ型	2名	850円	
店員Ⅲ型	初級2名	900円	
店員Ⅲ型	中級1名	920円	
店員Ⅲ型	上級1名	950円	
事務Ⅲ型	中級1名	800円	

原則職種により時給単価は一律（職種に変更なければ時給単価は勤続年数に関係なく一定）

(板金業) パート4名			
職種	人数	時給	職務手当
工員Ⅲ型	初級2名	1,000円	5,000円〜30,000円 毎年の職務の習熟度 に応じて
工員Ⅲ型	中級1名	1,020円	
事務Ⅲ型	中級1名	850円	

原則職種により時給単価は一律（職種に変更なければ時給単価は勤続年数に関係なく一定）

（清掃業）パート11名					
職　種	人　数	時　給	職務手当	役職手当
清掃員Ⅰ型	1名	800円	5,000円〜30,000円毎年の職務の習熟度に応じて	5,000円〜20,000円毎年の主任の能力に応じて
清掃員Ⅱ型	1名	820円		
清掃員Ⅲ型	初級6名	850円		
清掃員Ⅲ型	中級1名	870円		
清掃員Ⅲ型	上級1名	900円		
事　務Ⅲ型	初級1名	800円		

原則職種により時給単価は一律（職種に変更なければ時給単価は勤続年数に関係なく一定）

（病院）パート9名				
職　種	人　数	時　給	職務手当	役職手当
清掃員Ⅰ型	1名	800円	5,000円〜30,000円毎年の職務の習熟度に応じて	5,000円〜20,000円毎年の主任の能力に応じて
看護補助者Ⅱ型	3名	950円		
准看護師Ⅲ型	初級1名	1,200円		
看護師Ⅲ型	中級2名	1,500円		
看護師Ⅲ型	上級1名	1,600円		
医　師Ⅰ型	1名	11,000円		

原則職種により時給単価は一律（職種に変更なければ時給単価は勤続年数に関係なく一定）

3章　アルバイト・パートさんの賃金の決め方

8 これからのアルバイト・パートさんの雇用には雇用契約書は不可避

　社長さんなんとなくアルバイト・パートさんの、賃金の決め方のイメージができてきたのではないかと思います。従来からの、ただ漠然とした決め方からみれば、求人の面接時にも自信をもって対応ができてくるのではないかと思います。

　次に重要なことは、アルバイト・パートさんの雇用で雇用期間をどうするべきかです。正社員であれば、一般的には期間の定めがなしで、試用期間が3カ月ですよといった契約が多いのではないかと思います。逆に言いますと、特に問題がなければあなたを定年まで雇用しますよということです。

　経営者サイドからみれば、アルバイト・パートさんは、将来の雇用まで約束できないけれども、今は忙しいので仕事をしてもらっているといった認識かと思います。このことを考えると、アルバイト・パートさんの雇用は、基本的には1年とか6カ月ごとの更新契約にするべきではないかと思います。最近顧問先になったお客様でパートさんの採用がほとんど期間の定めがない契約内容になっていました。これはこれで、働く側からみれば安心の雇用契約ですが、社長さん仮に、雇用したが仕事ができないとか、人間的にどうしても問題があると分かっても、期間の定めのない契約であれば、解雇か退職勧奨という形でしか、自分から退職するとか定年を迎え

93

ない限り退職してもらうことが出来なくなってきます。ご存じのように、現在の日本では解雇での争いは不当解雇ということで、負けるケースが多発しています。ちなみに私の顧問先でも案の定、不当解雇といわれ大変なお金を支払って和解になりました。

　最近の傾向として解決金として賃金の5カ月分とかその他の弁護士費用とか、大変な労力と費用がかかってしまうことが大半です。

　このようなことを、考えると雇用期間は1年とか6カ月とかの更新契約とするべきではないかと思います。更新にすれば、どうしてもこの人は難しいと思われましたら、契約更新しなければいいわけです。このことは、解雇にはなりませんので、不当解雇とかであとでトラブルになるケースは大変少ないのではないかと思います。但し、平成24年に労働契約法が改正されまして、5年間契約を更新したならば、労働者側から無期契約に転換を請求できるということになってきました。

　これに対しては、様々な考えもあると思われます。5年も勤務したのだから、本人が希望すれば、期間の定めがない無期契約への転換はいいのではないかという意見もありますし、いやとてもうちの会社では定年まで雇用は無理だという会社もあるのではないかと思われます。もし、あなたの会社が後者の立場であれば、契約期間の上限を5年までとか定め

3章　アルバイト・パートさんの賃金の決め方

ておいて契約されることをお勧めします。

　そして、アルバイト・パートさんであれば、雇用の職種とか、時給単価とか労働時間が、個々に相違してくることも考えられますので、これまでの賃金とか雇用期間とか、面接時に決めたことを、雇用契約書ということで文書にされておくことをお勧めします。この契約書たった一枚ですが、なにかトラブルになったときは重要な証拠になってきます。もちろん、労働基準法には、雇用契約内容は明示義務が課せられていますが、中小企業では、まだまだ口約束だけの会社も多いのが現状かと思います。もちろん口約束だけでも、民法上は契約は成立しています。

　契約書のサンプルは次のようなイメージでもいいのではないかと思います。

アルバイト・パート労働契約書

契約期間	自平成 26 年 4 月 1 日　至平成 27 年 3 月 31 日　又は　期間の定めなし
就業場所	本社
従事すべき業務の内容	一般事務
勤務時間	始業・就業の時刻　9:00 ～ 16:00 休憩時間　12 時 00 分 より　13 時 00 分まで 　　　　　　時　分 より　　時　分まで
休日	**土日** 曜日、国民の祝日、その他（勤務時間・休日は業務の都合で変更することがある）
賃金	給与区分　時給（時給は世間相場と能力により更新時増減変動することがある） 基本給　時給 900 円　月額見込み　　万円 諸手当　職能手当　　円（毎年見直す） 　　　　役職手当　　円（役職がなくなると支給しない） 　　　　通勤手当　1．全額支給　**②．定額支給** 4,100 円 割増賃金率　労働基準法に従い支払う。実働8時間を超えたら法定時間外25％など 社会保険加入状況　**社会保険**（1日6時間以上勤務かつ月間15日以上勤務のとき） 　　　　　　　　　**雇用保険**（1ヵ月以上勤務で週20時間以上勤務のとき） 　　　　　　　　　労災保険全員加入 有給休暇　労働基準法に従い与える。 その他条件　賞与（有・**無**）　昇給（有・**無**）　退職金（**有**・無） 締切日／支払日　毎月 20 日締切／**当**翌）月 末 日支払
有期契約の時の更新条件	無　（更新はしない） **有**（会社の経営状況、本人の能力等を総合的に勘案して、更新することがある）
その他	労働契約期間中に自己都合退職で退職するときはおそくとも14日までに、会社に報告し承諾を得なければならない。会社の従業員としての適格性にかけるときや、就業規則の解雇理由に該当するときは、契約期間中でも解雇することがある。

　年　月　日

　　　　労働者 氏名　山田花子　㊞
　　　　　　　所在地　石川県金沢市〇〇町55

　　　　事業主 名称　株式会社〇×△商事
　　　　　　　氏名　　石川太郎　㊞

5分ノート

賃金の決め方はまず世間相場を調べて、4つの賃金の決め方の目線による適正な自社の世間相場連動型基本給を決定する。時給は基本的に職務給であり、勤続年数により変わらない。但し、職能手当などのような手当により勤務内容を評価する。

4章

アルバイト・パートさんの分かりやすい退職金制度(三村式退職金制度・MTS)

1 アルバイト・パートさんの分かりやすい退職金制度(三村式退職金制度・MTS)

　退職金制度と聞いて、ほとんどの社長さんはアルバイト・パートさんは必要ないのではないかと思われたのではないかと思います。この本をお読みの社長さんの中には、正規従業員にも退職金制度は導入していないのに、と思われているかたも多いのではないかと思います。

　ここで、退職金制度のその基本的な考えは一般的に下記のように言われています。

① 賃金の後払い説
② 功労報奨説
③ 老後の生活保障説

4章　アルバイト・パートさんの分かりやすい退職金制度(三村式退職金制度・MTS)

　また、日本の退職金制度は日本独自の制度だといわれており、そのルーツは、江戸時代の奉公人が独立する際に、主人から独立するための資金と同時に屋号の使用許可を与えられるという「暖簾わけ」制度がその始まりだとも言われています。

　いかがですか？私が実務上、色々なお客様とこの退職金制度のお話をすると、②の功労報奨の考え方の社長さんが多いような気がします。現在の日本の退職金制度の導入の状況は次の表のような感じです。

　この表を見ていただければご理解できると思いますが、何らかの退職金制度は9割近く日本の企業は採用しています。ところが、アルバイト・パートさんとなると、詳しいデータがないので確かなことはいえませんが、ほとんど採用されていないというのが、私の率直な感想です。

　社長さんのお知り合いで、果たして退職金制度がある会社があるでしょうか。

　正規従業員には①賃金の後払い説②功労報奨説③老後の生活保護説などに基づいて、退職金の意味合いが考えられていますが、私はアルバイト・パートさんにもその説に基づいて退職金を考えるというのはきわめて当たり前のことではないかと思います。

　何故ならば、パートの方も一生懸命に働いており、その1時間の労働の密度は正規従業員とそれほど違わないと思いま

退職給付(一時金・年金)制度の有無、形態別企業数割合

(単位:%)

企業規模・産業・年	全企業	退職給付(一時金・年金)制度がある企業	退職一時金制度のみ	退職年金制度のみ	両制度併用	退職給付(一時金・年金)がない企業	(再掲)制度がある 退職一時金制度がある(両制度併用を含む)	(再掲)制度がある 退職年金制度がある(両制度併用を含む)
計	100.0	83.9	(100.0)	(55.3)	(12.8)	(31.9)	16.1	(87.2)	(44.7)
1,000 人 以 上	100.0	95.2	(100.0)	(19.3)	(24.0)	(56.7)	4.8	(76.0)	(80.7)
300 〜 999 人	100.0	92.2	(100.0)	(30.7)	(23.7)	(45.6)	7.8	(76.3)	(69.3)
100 〜 299 人	100.0	88.0	(100.0)	(41.1)	(17.7)	(41.2)	12.0	(82.3)	(58.9)
30 〜 99 人	100.0	81.7	(100.0)	(63.0)	(9.9)	(27.1)	18.3	(90.1)	(37.0)
鉱　　　　業	100.0	96.4	(100.0)	(64.5)	(15.3)	20.2	3.6	(84.7)	(35.5)
建　設　業	100.0	91.9	(100.0)	(50.6)	(10.1)	(39.2)	8.1	(89.9)	(49.4)
製　造　業	100.0	88.8	(100.0)	(51.7)	(13.9)	(34.4)	11.2	(86.1)	(48.3)
電気・ガス・熱供給・水道業	100.0	100.0	(100.0)	(32.9)	(13.6)	(53.6)	—	(86.4)	(67.1)
情　報　通　信　業	100.0	89.3	(100.0)	(42.4)	(17.7)	(39.8)	10.7	(82.2)	(57.6)
運　輸　業	100.0	78.1	(100.0)	(59.8)	(13.7)	(26.5)	21.9	(86.3)	(40.2)
卸 売・小 売 業	100.0	87.3	(100.0)	(55.2)	(12.6)	(32.3)	12.7	(87.4)	(44.8)
金 融・保 険 業	100.0	95.6	(100.0)	(28.7)	(27.8)	(43.5)	4.4	(72.2)	(71.3)
不　動　産　業	100.0	79.4	(100.0)	(69.6)	(9.9)	(20.5)	20.6	(90.1)	(30.4)
飲食店,宿泊業	100.0	69.9	(100.0)	(71.3)	(8.6)	(20.1)	30.1	(91.4)	(28.7)
医　療,福　祉	100.0	62.3	(100.0)	(82.2)	(3.4)	(14.3)	37.7	(96.6)	(17.8)
教育,学習支援業	100.0	79.9	(100.0)	(67.7)	(15.6)	(16.7)	20.1	(84.4)	(32.3)
サービス業(他に分類されないもの)	100.0	72.5	(100.0)	(61.1)	(11.2)	(27.6)	27.5	(88.8)	(38.9)
平成元年	100.0	88.9	(100.0)	(49.3)	(11.3)	(39.3)	11.1	(88.7)	(50.7)
5	100.0	92.0	(100.0)	(47.0)	(18.6)	(34.5)	8.0	(81.4)	(53.0)
9	100.0	88.9	(100.0)	(47.5)	(20.3)	(32.2)	11.1	(79.7)	(52.5)
15	100.0	86.7	(100.0)	(46.5)	(19.6)	(33.9)	13.3	(80.4)	(53.5)
20※	100.0	85.3	(100.0)	(53.1)	(13.2)	(33.7)	14.7	(86.8)	(46.9)

(出典:厚生労働省「就労条件総合調査(平成20年)」)

注:1) ( )内の数値は、退職給付(一時金・年金)制度がある企業に対する割合である。
2) 調査期日は、平成11年以前は12月末日現在、平成13年から1月1日現在であり、調査年を表章している。
3) 平成19年以前は、調査対象を「本社の常用労働者が30人以上の民営企業」としており、平成20年から「常用労働者が30日以上の民営企業」に範囲を拡大した。
20※は、「本社の常用労働者が30人以上の民営企業」で集計したものであり、時系列で比較する場合にはこちらを参照されたい。

す。色々な仕事内容を細かく分析していくと、ほとんどの職種で、その人しかできない高度な仕事は医師などの専門職以外はその労働時間の1割か2割くらいではないかと思います。逆にいうとその労働時間の8割か9割はパートさんでもできうる仕事が大半ではないかと思います。

　このように考えると、正規従業員に退職金制度があってアルバイト・パートさんが当たり前のようにないとされるのは、いささか不公平ではないかと思います。

　社長さんからみれば、いつまで働いてくれるか分からないし、臨時の方にそのような制度は必要ないと考えられることも十分理解できます。しかし、どうでしょうか？お客様目線で考えれれば、あなたの会社から対価をうけるのに、正規従業員からうけるのとパートさんからうけることに対して相違はないのです。お客様目線で考えれば同じな訳です。売上げの源であるお客様に対してはその時間的な仕事に対する価値はなんら正規従業員とあまり変わらないのではないかと私は思っています。

　そうであるならば、私はアルバイト・パートさんにも退職金制度は必要な取り組みではないかと思います。

2 まったく新しい月額加入比例方式の退職金の考え方(三村式退職金制度・MTS)

日本のおもな退職金積立制度は次のような状況です。

その1　中小企業退職金共済制度

この制度は日本の中小企業で一番普及している制度ではないかと思います。この本の読者の社長さんの会社でもこの制度を採用しているケースが多いのではないかと思います。この制度は勤労者退職金共済機構中小企業退職金共済事業本部(機構・中退共本部)との共済契約により、退職金を準備するというものです。

① 掛け金が全額損金参入できる。
② 国から助成がある。
③ 掛け金が短時間労働者であれば2,000円からなど一定している。
④ 退職金は従業員が退職してから2カ月以内に従業員の口座に振り込まれ、企業に支払われることはない。

などが大きなポイントです。

その2　特定退職金共済制度

この制度は、企業が所得税法施行令第73条に定める特定退職金共済団体(商工会議所・商工会・商工会連合会等)と退職金共済契約を締結して、企業に変わってこの団体から直接退職金を支払う制度です。

4章 アルバイト・パートさんの分かりやすい退職金制度(三村式退職金制度・MTS)

① 制度内容はその1の中小企業退職金共済制度に似ている。
② 中小企業退職金共済制度が中小企業しか加入できませんが、企業規模による加入制限は一切なし。

この制度も、従業員の口座に振り込まれ、企業に支払われることはありません。

その3　厚生年金基金

この制度は昭和41年に創設された制度で、企業が基金(特別法人)を設立して厚生年金部分の一部を代行部分として受け持つとともに、その上に加算部分として上乗せ給付を行う制度です。この加算部分が退職金積立制度に該当してくるわけです。この基金については、多くの基金が多額の積み立て不足が発生しており、これにともない基金の代行返上・解散が進んでおり、ついに厚生労働省は厚生年金基金の廃止まで打ち出しており、今後の動向が注目されるところです。

その4　日本版401kプラン

この制度はアメリカの確定拠出型年金401kプランを手本にして導入された年金制度で、個人型と企業型の2種類あります。

① 個人型は個人が掛け金を拠出して、その運用成果を個人が受け取る。
② 企業型は企業が掛け金を拠出して、受け取りは従業員となるもの。

③ 個人型・企業型とも、いづれも将来の受取額が保証されていないということと、拠出金の運用は個人又は従業員自身が自己責任でおこなうもの。
④ 給付については、60歳以前に給付できるのは原則死亡した時か、一定の障害状態になったときのみで、それ以外は60歳にならなければ給付はうけられない。逆にいうと、60歳以前に退職しても退職金は受給できない。

その5　確定給付企業年金

この制度は確定給付企業年金法の施行（平成14年4月1日）により、基金型・規約型・混合型という3種類の新しい企業年金が設けられました。

これらの新企業年金は、従来の「適年」や厚生年金基金などとは違い、退職年金等の受給権を保証するため、積立義務が明確化され義務化された。

① 基金型企業年金
　　厚生年金基金の代行部分を返上した形の新しい企業年金
② 規約型企業年金
　法人税法によって設けられた「適年」の改良版
③ 混合型企業年金（日本版キャシュ・バランス・プラン）
　　日本版キャッシュ・バランス・プランは確定拠出年金の特徴をもつ確定給付型年金で、混合型年金といわれるものです。

4章 アルバイト・パートさんの分かりやすい退職金制度(三村式退職金制度・MTS)

その6　企業内退職金制度

保険商品

　養老保険のような生命保険商品を将来の退職金の原資とする。

預貯金（有税内部留保金）

　特に説明はいらないと思います。

以上その6までに、現在の日本の退職金積立制度の概略と特徴を記載してみました。各制度とも詳細に解説すると、一冊の本になるくらいの内容です。

これらの制度は基本的に会社が掛け金を毎月支払っても、基本的にはその退職金は直接従業員個人の口座に振り込まれる制度です。また、制度設計も複雑な制度が多く、5年勤続で退職金はいくら支給されるとか分かりにくい制度がほとんどです。

私はアルバイト・パートさんであれば、これらのような、従来からの退職金制度ではなく、もっとシンプルな制度を提案したいと思います。

基本的にアルバイト・パートさんの平均勤続年数は何年になるか考えてみたいと思います。

その実態とは厚生労働省の統計によると下記の内容のようです。

① 　現実のサラリーマンの平均勤続年数は12年
② 　IT業界では平均勤続年数2〜3年

③　サラリーマンの平均退職年齢40歳〜45歳

④　ブルーカラーの平均退職年齢は55歳〜60歳

⑤　保険業界や金融業界平均退職年齢35歳前後

このような現実を考えると、アルバイト・パートさんで定年まで無事勤務できる方は極めて少ないといえます。

①のサラリーマンが平均勤続年数12年ですのでアルバイト・パートさんであれば長くて10年ほどではないのかなと思います。

この前提で考えるならば、一般的な従業員の退職金でも10年勤続で60万円くらいから100万円が相場であると思いますので、パートさんであれば10年勤続で60万円の退職金ということであれば、従来からある退職金積立制度までの制度設計を考えなくても、従業員さんに賞与を支払うほどの感覚で退職金を支給できるのではないかと思います。

仮に10年で60万円とすると10年で120ヶ月勤務しているので、1月当たり5,000円の積立となります。10年勤続でなく5年であれば5,000円×12×5＝30万円ということになります。

この考え方は大変分かりやすいと思いませんか？

これまでの退職金制度のように、何年勤続したら幾らといった考えではなく、何カ月勤続したので、その月数分の退職金幾らになりますよと定めると大変分かりやすいのではないかと思います。

従って、入社のⅠ型Ⅱ型Ⅲ型などの区分により、退職金の

4章 アルバイト・パートさんの分かりやすい退職金制度(三村式退職金制度・MTS)

計算月数の月額の単価3,000円・4,000円・5,000円などと決めていけば、アルバイト・パートさんの退職金制度は大変分かりやすいし、運用しやすい制度になってくるのではないかと私は確信する次第です。この退職金制度を私は三村式退職金制度・MTSと命名したいと思っています。

【退職金シュミレーション】

(単位：万円)

	1年	2年	3年	4年	5年	6年	7年	8年	9年	10年
Ⅰ型 3,000円	3.6	7.2	10.8	14.4	18	21.6	25.2	28.8	32.4	36
Ⅱ型 4,000円	4.8	9.6	14.4	19.2	24	28.8	33.6	38.4	43.2	48
Ⅲ型 5,000円	6	12	18	24	30	36	42	48	54	60

(3年以上勤務のとき支給)

上記の表のようなイメージになってくるかと思います。社長さんの中にはうちはパートさんが30名近くおり多いので、10年で60万円が正直厳しいというところもあります。私がいろいろパートさんにヒアリングした結果、10年勤続で約1か月分の15万円か20万円でも退職金制度があれば、励みになるとのお話を多く聞きました。なので、資金的に厳しければ、加入月額単価1,000円で10年で12万円もありだと思います。

また、多くのパートさんを抱える会社であれば、生命保険の養老保険などを活用した退職金積み立て制度などの検討が

あってもいいのではないかと思います。養老保険の活用であれば、直接会社にお金が入ってくるので、退職時には直接アルバイト・パートさんに退職金を支払うことが可能となります。

また、何年以上で退職金が支給になるかどうかは、社長さんの経営戦略であって、一般的な退職金制度は3年以上が多いですが、当社は1年以上とするならばそれでも私はいいと思います。

ここで、三村式退職金制度・MTSと他の制度とのおもな比較をしてみたいと思います。

「三村式退職金制度・MTSとその他制度との比較」

制度	概略	退職金の支払い方	懲戒解雇のときの支払	毎月の支払	退職後の持ち運び
三村式退職金制度・MTS	加入月額単価方式で計算が簡単で自由な設計ができる。	会社が支払う。	退職金規程により支払わない。	特に必要なし。但し、退職時に全額損金計上する。	できない
確定給付企業年金	従業員の退職金を確定できる。不足のある時は会社が補填する。	従業員に直接支払う。	各規約による。	毎月の掛金は全額損金計上	できない
確定拠出企業年金・401K	毎月の掛金を個人名義で外部積立する。従業員に投資教育が必要となる。	従業員に直接支払う。	従業員に支払われる。	毎月の掛金は全額損金計上	できる但し、条件あり
中小企業退職金共済制度	毎月の掛金を個人名義で外部に積み立する。掛金の減額は従業員の同意が必要となる。	従業員に直接支払う。	相当な理由があれば減額できるが会社に返ってこない。	毎月の掛金は全額損金計上	できる但し、条件あり
前払い退職金	毎月の給料に上乗せする。実質的には給料と変わらない。	毎月支払うことで完了する。	従業員に支払われる。	従業員の給与となることにより、所得税・社会保険料の負担が増える。	毎月支払うことで完了する
社内預金	資金不足に注意を要する。積立時の税法の優遇はない。	会社が支払う。	退職金規程により支払わない。	積立に税法上の優遇措置はなし。	できない

4章 アルバイト・パートさんの分かりやすい退職金制度(三村式退職金制度・MTS)

いかがでしょうか？三村式退職金制度はこのように、本当に自由な設計ができて、しかも他制度のようにパートさんの退職金制度なので、金額も賞与の支払金額のような金額ですので、毎月の積立も原則不要かとも思います。社長さんが決めれば明日からでもスタート出来ます。

3 有期契約の期間満了と契約更新における月額加入比例方式の独自の考え方

前節での三村式退職金制度・MTSの考え方はいかがでしたでしょうか？ともすれば、退職金とイメージすれば何年勤続で幾らとか連想しますが、3年5カ月勤続であれば、5,000円×41＝20万5,000円となり、どなたでも簡単に自分の退職金が計算できます。中退共のような制度ですと、直接パートさんの口座に送金されてしまい、退職時に会社に損害など与えても退職金の減額支給などできないのが現実です。やはり私は退職金は退社時に社長なり上司が、直接手渡しできる制度でなければ、せっかく毎月5,000円とか積み立ててもらっても、本人はあまり感謝の気持ちがおきてこないのではないかと思います。中には退職時に重要な書類に署名捺印の必要性がある場合など、直接会社にきてもらえばスムーズにできるのではないかと思います。

また、パートさんであれば毎年1年ごとの更新契約も多い

と思います。例えば、4月更新であれば、経営者としたら年度途中で勝手に退職されるとこまりますので、4月から3月までの1年間の契約期間内に退職するときは、退職金を1割か2割減額しますといった規定にすれば、契約期間中に退職するといったことをいくらかでも軽減できてくるのではないかと思います。

　私もこの退職金制度を考えるにあたり、様々なパートの方にヒアリングしましたが、月額加入比例方式は分かりやすいし、仕事にヤル気がおきてくるとのことでした。ましてや、パートさんであれば退職金制度などないものと思っているため、かなりインパクトがあるような気がしました。会社も何百万円も経費がかかってくるわけでもないので、特別な退職金積立制度の導入は不要であり、社長がその気になれば明日からでも制度導入が可能です。まして、既存の正規従業員の退職金制度があったとしても、バッティングする箇所もないので、既存の退職金制度との調整もまったく不用です。

　いかがでしょうか？私はこのことにより、アルバイト・パートさんの求人において当社は退職金制度ありと表示できることは、求人においてかなりの強味になってくるのではないかと思います。アルバイト・パートさんであれば、仕事の中身よりも時給いくらとかの労働条件に正規従業員よりも敏感な職種ではないかと思っています。

　仮に、正規従業員さん向けの退職金制度を導入していない

4章　アルバイト・パートさんの分かりやすい退職金制度(三村式退職金制度・MTS)

のであれば、正規従業員さんにも適応してもいいのではないかと思います。

4 この退職金制度であれば、退職金の積立制度まで考えなくてもいい

社長さんいかがでしょうか？社長さんの中には中退共で、掛け金が一人5,000円であれば、毎月その分損金処理ができるではないかと思われるかと思います。

確かに、三村式退職金制度・MTSは毎月の積立がないので、毎月の経費処理はできません。しかし、退職金の支払時には退職金として損金処理ができますので、毎月経費が発生するか、退職時に経費が発生するかの違いでしかありません。

また、現在の税制では勤続10年までは毎年退職金の所得控除として40万円、10年で400万円まで、受給する側からみますと所得税がかからず非課税で退職金を受給できます。

この制度を深く考えれば、パートさんの中にはご主人の税法上の扶養になるため年間103万円以上働けないとかいったお話をよくお聞きします。社会保険の扶養であれば年間130万円（60歳以上は180万円）までです。

パートさんでよく頑張っていると社長が判断するのであれば、退職金の功労報奨説に基づいて退職金をいくらか規定よりも増額して支給する。たとえば5,000円単価の方であれば

10年勤続で60万円ですが、支給率を1.1倍とか1.2倍とか規定を定めて運用すれば、税法上の壁で働けないパートさん達のモチベーションは上がってくるのではないかと思います。10年でなんと400万円非課税になるのです。大変効果的な取り組みになってくるのではないかと思います。ちなみに10年を超えますと年間70万円非課税枠がアップしてきます。30年で計算すると1,500万円非課税枠がでてきます。

　私は、日本の税制の中で、この退職金制度がもっとも税金のかからない制度の一つではないかと思っています。

　三村式退職金制度・ＭＴＳはあくまでも、アルバイト・パートさんの退職金制度なので、退職金積立制度まで考えませんでしたが、この制度を正規従業員にまで採用するとか、またアルバイト・パートさんであっても10年どころか20年・30年我が社の従業員は勤続するということであれば、10年以上勤続のときはそれ以上退職金は増加しませんよといった規定にすればいいのではないかと思います。

5　アルバイト・パートさんが退職後も、あなたの会社の応援団になる

　三村式退職金制度・ＭＴＳについて考えてきましたが、あまりにもシンプルな制度なので、拍子抜けの感があると思います。

4章　アルバイト・パートさんの分かりやすい退職金制度(三村式退職金制度・MTS)

アルバイト・パートさんからみれば、退職金規程をよく読みこまないと分からないような制度こそナンセンスだと思います。やはり、賃金や退職金制度などはわかりやすいのが一番だと思います。

平成25年4月1日より労働契約法（新18条）が改正され5年を超えて有期労働契約を更新した場合、その有期労働契約の労働者が申し込めば、無期契約へ転換される制度が始まりました。また、有期労働契約とその次の有期労働契約の間に、契約がない期間が6カ月以上あるときは、その空白期間の次ぎの契約から改めて5年間カウントすることになります。（労働契約法新18条2項）これをクーリングといいます。という法律がスタートしました。

従って企業によっては、5年後正規従業員にまで転換できない企業であれば、5年で一旦退職して6カ月経過したらまた雇用するといった会社も出てくるのではないかと私は思っています。このような時に5年で退職金を一旦清算して、6カ月後また雇用するときは、3年以上勤務のとき退職金を支払うということでなくて、経験者なので1年目から退職金制度は適用になりますといったことも考えられるのではないかと思います。

また退職金制度を導入することにより、あなたの会社の評判も上がり、アルバイト・パートさんが退職しても、他社でやっていないので、あなたの会社に対して感謝の気持ちを抱

いてくれるのではないかと思います。

　なにせ、女性・主婦層の口コミの影響力は、社長さんが考える以上の力があるのではないかと思っています。とくに小売関係の業種であればなおさらではないかと思います。

　また、パート労働法なども、正規従業員と同じような働き方の人については、労働条件の格差を禁止しています。

　また、平成28年10月からは、パートタイマーの社会保険の加入基準が週20時間以上労働であって一定の労働者に拡大される予定です。（会社規模が常時500人以下を除く）

　このように、社会全体が、パートさんの方の処遇改善に動いているように思います。

　このような社会の流れの中で、アルバイト・パートさんにも退職金制度を導入することは、社会の流れにも則っており、会社がより発展していくきっかけの一つになってくるのではないかと私は思っています。

4章 アルバイト・パートさんの分かりやすい退職金制度(三村式退職金制度・MTS)

> **5分ノート**
>
> 　三村式退職金制度・MTSの特徴である加入月額比例方式により、誰でも自分の退職金の金額が理解できアルバイト・パートさんのモチベーションアップには大変効果のある取り組みです。何故なら他社はほとんどアルバイト・パートさんに退職金制度など考えたこともないと思われるので、十分他社との差別化戦略になってきます。

パートなのに
退職金いただけるなんて
思いませんでした。
感謝

5年間本当に
ありがとう
ございました。

三村式退職金制度はパートさんの心を感謝の
気持ちに変えることができる。

5章

賃金制度と退職金制度の連動

1 マズローの欲求5段階説とは何か

　賃金制度に関すること、例えばどうして頑張っているのに賃金は上がらないのかとか、退職金などのお金にからむことについては、アルバイト・パートさんが最も気にするところなので、しっかり社長さんの考えを明確にすることが重要であると思います。また、アルバイト・パートさんのモチベーションアップ対策にも大きな影響をあたえるかと思います。このことを考える上で、アメリカの有名な心理学者アブラハム・マズローの欲求5段階説は大変参考になると思いますので、紹介していきたいと思います。社長さんの中には既に知っているよと思っている方も多いと思います。それほど有名な学説でいろいろな分野で活用されています。この学説は

人事制度を考えていくうえでは、ベースになってくるので、私は大変参考になると思っています。

マズローの欲求5段階説
ニーズ（欲求）が満たされると、さらに高次のニーズが高まる

自己実現
自分の能力を発揮して創造的活動をしたい

承認欲求
他者から価値ある存在と認められたい

親和欲求
他者と関わりたい、集団に帰属したい

安全欲求
生命に関するものを安定的に維持したい

生理的欲求
空腹、睡眠など、生命を維持したい

マズローが唱えた欲求5段階説では、表のように人間の欲求は5段階のピラミッドのようになっていて、底辺から始まって、1段目の欲求が満たされると1段階上の欲求を志すというものです。生理的欲求、安全の欲求、親和の欲求、承認の欲求、自己実現の欲求となります。

まず、生理的欲求と安全の欲求は、人間が生きる上での衣食住等の根源的な欲求です。賃金制度でいえば、パートの仕事をさがしているとき、やっとパート先ができたとかいう状況です。従ってこの段階の人はとにかく時給がいくらもらえるかが、一番重要な課題になります。ですからこの段階の方の求人対策としては、時給の多い少ないが最大の関心ごとになってきます。従って求人はこのことを考えて、いい人材を募集したいと思えば、世間相場より高めの時給で求人票を職安に提出するといった戦略が導きだされます。

　その欲求が満たされると次の欲求である親和の欲求は、他人と関わりたい、他者と同じようにしたいなどの集団帰属の欲求です。この段階の人は賃金制度でいえば、入社二・三年目のアルバイト・パートさんが該当してくると思います。

　先輩パートさんの方に早く一人前に認められたいと考えている状態で、時給などの賃金制度は当社は世間並みの水準かどうかなど、退職金はどれくらいかなど気にしてくる段階で、モチベーションアップには時給だけでなく、仕事に権限や達成感などを与えるなどのアルバイト・パートさんの教育訓練がさらに必要になってくる段階かと思います。前節で説明したように、職能手当などの手当はこの段階からの導入がベストではないかと思います。

　そしてその段階も達成すると、次の欲求は承認の欲求と言われるもので、自分が集団から価値ある存在として認められ

尊敬されることを求めてくる、いわゆる認知欲求が起きてきます。賃金制度でいえば、仕事もベテランになり、できればパートではなく正規従業員を目指すといった段階ではないかと思っています。ですから、この段階のアルバイト・パートさんはお金よりむしろ職務内容がモチベーションアップに影響を与えるのではないかと思います。従って、この段階から役職手当を支給するといったことがベストの戦略になってくると思います。

　そして、この段階の欲求も達成すると人は、自己実現の欲求という、自分の能力・可能性を発揮し、創造的活動や自己の成長を図りたい正規従業員として働きたいなどという欲求に成長してきます。

　この段階のアルバイト・パートさんはお金よりむしろ仕事のやりがいがモチベーションにつながってくるのではないかと思っています。ひとつ気をつけなければならないのが、ここまでレベルが上がったアルバイト・パートさんは、そうです社長さん恐れていることです。転職してやがて自分のライバル会社に行ってしまうことが考えられます。いかがでしょうか？アルバイト・パートさんの賃金制度はこのような、大局的な視点で、このパートさんにどの段階の刺激を与えればやる気がおこるかを考えてやらないと、ただ賃金だけをアップしても効果がある人とそうでない人がいるということを考えながら、社長さんは会社経営全般のことを考えていかなけ

ればならないと思います。

2 アルバイト・パートさんこそ退職金制度に敏感です

前節のマズローの欲求5段階説からもお分かりかと思いますが、入社したばかりのアルバイト・パートさんは賃金などがいくらかであなたの会社にきているかもしれません。なので、他社でいい条件があればすぐ退職してしまうということも十分予想されることです。

私はこのような他社への転職のリスク対策としても、退職金制度を導入することは大変価値のある取り組みではないかと思います。なぜならば、他社にはない制度だからです。

ある意味この制度は正規従業員以上にアルバイト・パートさんからみれば、魅力的な制度であると思います。基本的にアルバイト・パートさんの立場で考えれば、長期に勤務したいと思っても、会社の経営状況によって一番さきに解雇されるのはアルバイト・パートさんであり、保証といえば、失業保険しかないのが現状かと思います。このような中で退職金が支給されるというのは、大変あなたの会社を評価してくれるのではないかと思います。

近年正規従業員の会社でも、不況から退職金制度を廃止してしまった会社も多々ありますが、ある程度勤務してくれた

従業員に退職金はなしということと、ある程度退職金を支給してくれたでは、従業員さんからみれば退職後の勤務していた会社への思いは、相当開きが出てくるのではないかと思います。男女のわかれにも手切れ金があるように、会社も長年勤続してくれた方には金額の大小はありますが、必要な制度であると思います。

もし、あなたの会社が退職金制度を廃止してしまっているのであれば、今回提案の三村式退職金制度は制度設計も簡単であり、その気になれば金額は少なくてもいいと思います。会社の無理のない範囲で考えれば、明日からでもスタートできます。

3 時給による賃金制度が最も分かりやすく合理的な賃金の決め方

社長さんこの本ではアルバイト・パートさんの賃金を時給で考えてきましたが、日給・月給などの賃金の決め方できめてもいいのではないかとのご意見もあると思います。建設業では日給制で支払っている会社も確かに多いと思います。私はアルバイト・パートさんでも正規従業員のように月給で支払えるのであれば、それはそれでいいことではないかと思います。

しかしながら、労働時間が正規従業員よりも短い勤務条件

の雇用であるならば、私は時給の決め方がなんといっても分かりやすく計算も単純で、残業代などの計算も簡単であるなど、ある意味この時給というのは、賃金の支払いの計算方法としては最も分かりやすく合理的で計算も簡単にできるなど、最も理にかなった制度ではないかと思います。

月給であれば、毎月の勤務日数がことなるのに賃金は同じであり、残業代の計算も変形労働時間制などを採用していると複雑になってきますし、アルバイト・パートさんのように、ある程度職種が決まっていて、勤務時間も短時間の方であればやはり月給よりは時給がベストの賃金の決め方ではないかと思います。

私は、なにも正規従業員は月給であるとしなくても、正規従業員であってもこの時給正規従業員制度というのは、あってもいいのではないかと思います。

会社全員がこの時給で賃金を決めるとなると、勤務時間の管理がしっかりされておれば、残業代の計算も簡単であり、会社として休みの多い5月のゴールデンウィークとか8月の夏休み、1月の正月などは勤務時間が少ないので、人件費も少なくてすみます。

会社の賃金制度としても、この時給単価をどのように社員ごとに決めていくかで、非常に簡単な仕組みで運用ができるようになってきます。労働者の方も、自分の勤務時間が分かるので自分の賃金も簡単に計算できます。私も前職は保険会

社でしたので、よく思ったものです。自分の賃金明細をみて何故このような金額になってくるのか、何度明細をみても理解に苦しむ内容でした。

この本の読者の社長さんで、以前大手企業に勤務経験のある方はご理解いただけると思いますが、自分の給料でありながら何故このように支給されているのか理解できないといったケースは多々あるのではないかと思います。

このように考えていくと、私はこの時給という考え方は、アルバイト・パートさんだからという考えでなく、正規従業員さんにも導入することは、決しておかしいことでもないし、ある意味、この賃金というものが経営者と従業員の間でガラス張りになり、もっとも不平不満のない合理的な賃金制度になってくることも考えられると私は思っています。

是非この読者である社長さんも、新しい会社をつくる時などは、私の提案の時給正規従業員制度というものもご検討いただければ幸いです。

4 退職金が簡単に計算できる合理的な決め方

社長さん三村式退職金制度の考え方はいかがでしたでしょうか？退職金の額の算定方法は、給与比例方式として勤続年数に対して基本給の何倍いわゆる支給倍率をかけて計算している会社が大半ではないかと思います。私も保険会社時代適

格企業年金の年金制度を中小企業の社長さんによく説明したものでした。バブル時代は適格企業年金は会社の節税も兼ねるということで、よく売れたものです。そのとき退職金の規程も同時に作成するわけですが、そのほとんどが給与比例方式によるものであった気がします。導入の時に、定年前の中途退職による中途退職特約をつけるかどうかも検討したものです。

現在はこの適格企業年金制度は廃止でなくなり、新しい企業年金制度にかわりましたが、基本給比例方式はいまだに日本の中小企業の代表的な考え方ではないかと思っています。

保険会社時代もポイント制退職金制度の会社などもありましたが、ポイント制退職金制度は原則会社に職能資格制度のような、しっかりした人事制度ができていないと制度設計が難しい退職金制度です。いま懐かしく思い出すのは、企業年金制度の幹事会社をいかに自分の会社にしてもらうかで、説明によく回ったものです。

しかしながら今もあまり変わらないと思いますが、制度が複雑で分かりにくいので、従業員さんが何年勤続で退職金がいくら支給されますよと、しっかり理解させている会社はほとんどないのが現状かと思います。退職間際になって、総務で自分の退職金はいくらですかときいて、総務でもよくわからないので、運用の保険会社などに確認して自分の退職金の金額がわかるという会社が多いのではないかと思います。

5章　賃金制度と退職金制度の連動

　しかし外部積立ですと、保険会社から退職理由のいかんに関わらず、直接退職された従業員さんの口座に振り込まれてしまいます。経営者の中にはこのこともよく理解していないで、一旦会社に退職金が送金されてから、直接従業員に退職金を支払うと思っている社長さんも多くおられました。

　バブル経済の崩壊後当初設定の予定利率である5.5％がどの金融機関も運用ができなくなり、現在では企業年金の給付額を減額したり、または年金制度そのものを廃止してしまった会社も多くあります。

　大企業の退職金の金額は大卒で約2,000万円とか新聞報道でもよく発表されていますので、おおよそ分かるのですが、中小企業の実態は分からないというのが私の率直な感想です。私の社会保険労務士としての経験でいえば、30年勤続で500万円10年勤続で70万円ほどが相場ではないかと思っています。中小企業で大企業のように定年で約2,000万円も支払っている会社はまだ聞いたことがありません。よく支払っている会社で1,000万円前後ではないかと思います。

　退職金規程のほとんどが、勤続年数に応じて退職金の金額が設定されており、中途入社の時はその端数を勤続年数に含むかどうかは会社の規定に従うというのが大半の会社です。

　私も13年前保険会社を退職するとき、退職金をいただきましたが、大変助かりました。仮にあの退職金を退職時ではなく、在職時に退職金相当額として毎月の賃金に上乗せされて

支給されても、その退職金としての意味合いは理解できないと思います。

やはり、何年か勤続したのであれば、この日本独自の退職金制度はありがたい制度であると思います。

このように考えてくると、アルバイト・パートさんにも何年か勤務されてきたかたには、この退職金制度は適用するべきではないかと思います。私はやはり、アルバイト・パート・正規従業員など区別することなく働いてきたからこそ、現在の会社があるのだということを、経営者の方はもっと認識する時代になってきているのではないかと思います。

今回提案の三村式退職金制度・MTSはなんと言ってもその仕組みがシンプルで誰でも簡単に計算できて、とくに外部積立までも考えなくても導入ができるというのは大変魅力ではないかと思います。

アルバイト・パートさんのかたの立場で考えてみましょう。Ⅲ型で月126時間労働とすると1カ月勤続で5,000円と決めるならば5,000円÷126＝39.68円となり時給に換算すると約40円アップしたことになります。時給900円であればこの退職金制度があることにより時給が940円になったとも言えなくはないと思います。しかもこの40円部分は非課税所得になってくるわけです。

何年勤続で退職金制度が適用になるかどうかは会社が決めることになりますが、説明も簡単であり、アルバイト・パー

5章　賃金制度と退職金制度の連動

トさんも総務に確認しなくても自分がいま退職したらいくら出るかわかるというのは、いつまで雇用が続くかどうかわからないアルバイト・パートさんには大変なモチベーションアップになってくるのではないかと思います。

また会社がもっと退職金を支給したいと考えるのであれば、比例月額単価を1万円にすれば10年で120万円・20年で240万円・30年で360万円となり正規従業員の退職金の金額と比較してもそん色のない金額になってくるのではないかと思います。

ただし、加入月額単価を1万円を超えるような制度設計する時には、退職金の積み立て制度である中小企業退職金共済制度のような積み立て制度なども検討していかないと、制度設計は難しくなってくると思います。

私は、アルバイト・パートさんの勤続年数や、その職務内容を考えるとやはり比例月額単価は5,000円前後が妥当な金額ではないかと思います。

次に、中には大変功労のあった方には、10年勤続で60万円よりも多くして支給するなどの支給率なるものを定めていけば対応できると思います。

具体的には大変功労のあったかたには支給率1.2倍で60万円×1.2倍＝72万円とするなどで対応したらいかがでしょうか？

また、1年更新の契約期間中の退職については支給率0.9

倍といった考え方があると思います。

　例えば、4年6カ月で退職した時は5,000円×54＝270,000円ですが、契約期間途中の退職なので270,000円×0.9＝243,000円で27,000円マイナスという計算になります。このような、支給率を定めることにより1年ごとの契約更新による契約期間中の退職の防止対策にもなってくると思われます。

　さらに、在職中に会社に損害を与えた時などはこの退職金にも影響が出てくるような定めにしておけばいいのではないかと思います。

　ここで、社長さんにお願いしたことは、退職金を加入月額比例方式で5,000円とか3,000円と定めた時には労働基準法の見方によれば、賃金の支給と同様と判断されることになりますので、同意がない限りアルバイト・パートさんに退職金を支給しないということはできなくなってきますので、ご理解のほどお願い申し上げます。

5　時給（世間相場連動型基本給）・月額加入比例方式（三村式退職金制度・MTS）でアルバイト・パートさんの雇用管理

　この節では、これまで説明してきた世間相場連動型基本給と三村式退職金制度・MTSの関連性について話したいと思います。ランチェスター法則のところでも解説しましたが、

5章 賃金制度と退職金制度の連動

人の配分と役割分担については経営の構成要因からみればその比率は13.3％です。そのような視点からみても、世間相場連動型基本給や三村式退職金制度の考え方は大変シンプルであり、アルバイト・パートさんの雇用戦略としては、理にかなった考え方になってくると思います。

アルバイト・パートさんにとっても理解しにくい複雑な賃金・退職金制度は不要であると思います。基本的には日々の生活のために働いており、会社の発展とか、社長のためとかの発想はほとんどないというのが現実かと思います。従って、シンプルな取り組みの中でいかに会社のことを理解していただき、少しでも会社の発展に貢献したいなんて思わせる仕組みを、賃金・退職金制度の中に取り組んでいけるかが、アルバイト・パートさんを如何に有効に他社ライバル店よりも活性化させるため、一歩先をいくための課題ではないかと思います。

世間相場連動型基本給のように時給は、同業他社の職種別の世間相場を目安に設定して、職務の能力は職能手当などの定額の手当で対応し、その勤続に対しては、三村式退職金制度で対応するというのは、ある意味正規従業員とそん色のない処遇ではないかと思います。

このようなしっかりした仕組みがあれば、アルバイト・パートさんの求人の面接においても、社長さんや人事担当者は堂々と、面接時に会社のPRができてくるのではないかと思

います。

　この節では、三村式退職金制度・MTSの規程のサンプルを掲載したいと思います。

「アルバイト・パートさんの退職金の計算と支払い方」

（適用範囲と考え方）
第1条　この規程の適用には、期間を定めて雇用される者及びアルバイトに適用するものとする。なお、当社の退職金を支給するときは、在職時の功労報償説として支給するものとする。

（退職金の算定方式）
第2条　退職金は加給月額比例方式で、入社からの在職月数に応じて、入社時に定められた月額単価の勤務月数分支給ものとする。月額単価は1,000円から5,000円の範囲内で入社の勤務条件で個人ごとに定めるものとする。

（退職金額）
第3条　当該規程の適用を受けるアルバイト・パートさんが3年以上勤務した場合であって、次の各号のいずれかに該当する事由により退職したときは、入社からの勤

務月数に月額単価をかけたものを支給するものとする。
　⑴　更新の契約期間満了により退職したとき
　⑵　定年に達したとき
　⑶　業務外の私傷病により担当職務に耐え得ないと認めたとき
　⑷　業務上の私傷病によるとき
　⑸　会社都合によるとき
2　アルバイト・パートさんが、次の各号のいずれかに該当する事由により退職したときは、前項の8割を支給するものとする。
　⑴　自己都合により契約期間中に退職するとき
　⑵　休職期間が満了して復職できないとき

（退職金の減額）
第4条　懲戒処分があった場合には退職金の未支給若しくは減額をすることがある。

（勤続年数の計算）
第5条　第2条の勤続月数の計算は、雇い入れた月から退職の月までとし、1月に満たない端数月は切り上げる。
　2　休職期間及び業務上の負傷又は疾病以外の理由による欠勤が1カ月を超えた期間は勤続月数に算入しない。

(退職金の支払方法)
第6条　退職金は、会社がアルバイト・パートさん（アルバイト・パートさんが死亡した場合はその遺族）に支給する。
　　2　退職金の支給は原則社長が直接支給するものとする。

(退職金の加算)
第7条　在職中の勤務成績が特に優秀で、会社の業績に功労顕著であったと会社が認めたアルバイト・パートさんに対し、退職金を特別に加算して支給することがある。

この規則は　平成　年　月　日から施行するものとする。

いかがでしょうか？以上のような規程の定め方で問題はないのではないかと思います。
　このような制度を連動させながら、アルバイト・パートさんの雇用管理ができてくれば、会社も必ず売上がアップして発展していくものと私は思っています。

6 世間相場連動型基本給と三村式退職金制度・MTSの具体的事例

この節では、世間相場連動型基本給の考え方による具体的な取り組みの代表的な事例を考えてみたいと思います。

「時給・退職金月額単価一覧表」

職種	Ⅰ型 時給 退職金単価 氏名	Ⅱ型 時給 退職金単価 氏名	Ⅲ型初級 時給 退職金単価 氏名	Ⅲ型中級 時給 退職金単価 氏名	Ⅲ型上級 時給 退職金単価 氏名
店員	930 3,000 A	950 4,000 B	1,000 5,000 C・V	1,000 5,000 D	1,000 5,000 E
レジ係			950 4,000 F・G	970 4,100 H	1,000 4,200 K
ウエイター	960 2,000 L	980 2,000 M・U・R			
事務	830 3,000 Z	850 4,000 X	900 5,100 P・S	920 5,200 Y	950 5,300 T

（単価円）

事例その1　店員のケース

　このケースはⅠ型からⅢ型までいるケースで、Ⅲ型のかたもそれほどレベルの差がなければ、この店員の事例のような時給退職金単価の決め方でもいいのではないかと思います。世間相場連動型基本給の時給は基本的に人数の一番多いグループの金額として決めて、その金額にプラス20円とかマイナス50円とかで、その他のグループの時給を決めていけばいいと思います。この事例のケースですとⅢ型初級を世間相場連動型基本給の1,000円として、Ⅱ型・Ⅰ型と50円・70円マイナスして、Ⅲ型は初級・中級・上級とも一律1,000円の設定でいいのではないかと思います。仮にⅢ型が人数が多く、仕事のレベル差が大きければ、Ⅲ型も初級・中級・上級と時給単価を20円50円と上げていけばいいと思います。退職金単価はⅠ型3000円・Ⅱ型4,000円・Ⅲ型5,000円としてみました。

事例　その2　レジ係のケース

　このケースはⅢ型のグループしかいないので、初級・中級・上級で、時給単価をアップして、それに比例して退職金単価も一律ではなく、4,000円4,100円4,200円と格差をつけてみました。

事例　その3　ウエイターのケース

　このケースではⅢ型のグループがいないので、Ⅱ型が一番

多いので、Ⅱ型に世間相場連動型基本給を設定して、Ⅰ型はマイナス20円で、退職金単価は一律2,000円としてみました。

事例　その4　事務のケース

このケースでは、店員のケースと似ていますが、Ⅲ型のレベル差が多いときは、このケースのように、Ⅲ型も初級・中級・上級と世間相場連動型基本給より、増減して考えてきめればいいと思います。ですからこの事務のケースでは事務職で5種類の時給単価があることになってきます。

マイナス・プラスの50円などの金額の格差を社長さんの経営戦略の中で決めていけばいいのではないかと思います。

以上4つの事例を見てきましたが、最終的には御社の規模アルバイト・パートさんの人数などによって、取り組みは変化してくると思いますが、これらの考え方で時給を決定していけば分かりやすいし、アルバイト・パートさんのモチベーションアップにもつながってくる取り組みではないかと思っています。

また、この制度を導入するとき既存のアルバイト・パートさんへの対応は、基本的には契約の更新時に実施することがポイントではないかと思います。時給がダウンするようなケースは更新時に十分確認して契約する必要があると思います。退職金の導入や、時給単価が上がるようなアルバイト・

パートさんにとって有利な条件変更は比較的問題なく、いつからでも変更できると思いますが、一部に条件がダウンするような方がいる時は、やはり個々の契約の更新時に同意していただき雇用契約書をしっかり書いておいてもらうことが重要であると思います。時給が仮にダウンするようなケースでも、雇用契約書にサイン押印した以上、新たな契約がスタートしたことになってきます。アルバイト・パートさんは比較的出入りも多い職種なので、正規従業員のように制度変更は比較的気苦労がなくできるのではないかと思います。職種によっては2・3年で新しい人に入れ替わるので、新しい方からだけの変更でも、2・3年で新しい賃金制度を定着させることができます。

ここで、今までの取り組みを世間相場連動型基本給（時給）の取り組み5か条でまとめてみました。

「アルバイト・パートの賃金の決め方」
「取り組み5か条」

その1　時給単価は職種ごとの世間相場を調べる

その2　世間相場が分かったら、4つの視点①競争相手・競

感（世間相場）・②仕入先・経済環境（最低賃金）③社内（自社の賃金）④お客様・顧客観から世間相場よりも上をいくのか下をいくのかそれともとんとんでいくのかを決める。職種ごとにより時給単価は一律。

その3　能力は手当で反映し、出来たか出来ないかの2者選択の考えで決める。時給単価には反映しない。あくまでも月額の手当

その4　勤続年数に対しては、三村式退職金制度・MTSで対応する。

その5　世間相場連動型基本給（時給）は、毎年か2年に一度は見直しをする。

いかがでしょうか？この本をここまで読んでいただけたらこの、アルバイト・パートさんの時給の決め方は大変多忙な中小企業の社長さんでも、この本があれば巻末資料でモデル書式を掲載していますので、世間相場を確認していただき金額を記載していただければ、明日にでも運用可能な考え方ではないかと思います。

5分ノート

　アルバイト・パートさんに退職金制度があることはその勤続年数に対する勤続給のようにも考えることができるし、アルバイト・パートさん特有の職務給である時給の不利な点をこの退職金制度の導入でカバーできますし、退職金で103万円を超えて働けないパートさんにその功労に対して退職金で対応できることもできるようになる。

6章

アルバイト・パートさんの正社員への転換について

1 アルバイト・パートさんの雇用管理は正社員になりたいと思わせる仕組み、視点が重要

　社長さんアルバイト・パートさんが御社に働いて、あなたの会社にもっと働いて頑張ってみたいと思わせるにはどうのような取り組みが必要かと思われますか？

　これまで賃金制度とか退職金制度とか解説してきましたが、ランチェスター法則のところで解説したように、会社の経営は社長さんの実力で9割以上は決まると言われています。そうなんです、賃金制度などの仕組みができたならば、残るは如何に社長さんの実力を磨き、人間的な魅力があるかないかが勝負ではないかと思います。

　この社長さんの実力と人間的な魅力が、会社の仕組みと同

時に出来上がっていけば、アルバイト・パートさんもあなたの会社で正規従業員として働きたいと思ってくるようになってくると私は思っています。

ちなみに、採用コンサルティング会社の株式会社ツナグ・ソリューションズが実施した「アルバイト人気ブランドランキング2013年版」(過去3年に以内にアルバイト・パート経験のある15～59歳の男女5,483人が調査対象)の結果が発表されました。その調査によると「働いてみたい業種」の上位は下記のとおりです。

① 小売
② アパレル
③ アミューズメント
④ カフェ
⑤ スーパーマーケット
⑥ ファーストフード
⑦ ファミリーレストラン

また、「働いてみたいブランド」では東京ディズニーランド、無印食品、イオン、TSUTAYA、セブンイレブン、ローソン、スターバックスコーヒー等が挙がっています。

これは、普段の生活で身近に利用しているブランドがアルバイト先として人気があるのかと思います。

次に応募時に重要視する項目としては下記のようです。

① 距離が近い(女性でも1位)

② シフトが都合に合う(男性では1位)
③ 仕事内容が魅力的
④ 給与が高い
⑤ 長期間にわたって働ける
⑥ 短時間で働ける

意外と給与・仕事の内容だけではなさそうです。

ここのところが、ある意味アルバイト・パートさんの特徴の一つかもしれないと思います。

さらに参考になるアンケート結果として面接企業の悪い印象が掲載されています。下記のような感じです。

○担当者が遅刻した
○担当者が不在だった
○担当者の態度が横柄だった
○バックルームが汚かった
○店長の無駄話が長かった

仮にこのような印象を与えるとどうでしょうか？

おそらく、この方は二度とあなたの会社の商品などは購入しなくなると思います。

さきほどの応募時の重要視する項目の部分で、1位の距離が近いや2位のシフトが都合に合うが、3位の仕事が魅力的と入れ替わってアルバイト・パートさんが思えた時が、ある意味正規従業員への希望につながっていくのではないかと思います。この魅力的と思わせることは大変難しいことです

が、やはり社長さんが日々の業務の中でアルバイト・パートさんを励まし育成して、アルバイト・パートさんに自分の仕事で成功体験を少しずつつませていくことが、自分の仕事の魅力の発見へとつながっていく一番の近道ではないかと私は思っています。

やはり、このような魅力的な会社になるのもならないのも社長さん自身が成長するかどうかが最大のポイントではないかと思います。そのような前提があって、賃金制度や退職金制度が生きてくるのではないかと思います。

2 正社員移行時に、アルバイト・パートの退職金は、正社員の退職金制度に組み入れる

前節のようなプロセスがあり、正規従業員に移行してもいいと思われるアルバイト・パートさんが育ってきたならば、退職金制度は正規従業員の退職金制度に組み入れればいいのではないかと思います。

また、時給につては日給月給制などへ変更していく必要があると思います。正規従業員の賃金制度については私の「サッと作れる小規模企業の賃金制度」（経営書院　刊）を参考にしていただけたら幸いに存じます。

マズローの欲求5段階説ではアルバイト・パートさんをイメージして考えましたが、今度は正規従業員としての欲求5

段階説での自己実現を目指していけるように育てていかなければならないのではないかと思います。

このように考えると最初はアルバイト・パートで雇用して、社長がこれだと思われる方であれば、正規従業員への登用をしていくというのも、いきなり正規従業員として採用するよりは、雇用のリスク対策になるかもしれないと、この本を記載しながら思った次第です。

アルバイト・パートから正規従業員転換制度、社長さんも一度検討されるのも面白いかもしれないと思います。

3 研修や正社員移行時に活用できる助成金の有効活用も検討

社長さんこの節では、アルバイト・パートさんを正規従業員に移行したときなどに活用できる厚生労働省の助成金について説明したいと思います。助成金は労働保険料などを財源として支給されるもので、経済産業省などからでる補助金と違って、支給条件に合致していれば原則支給されます。幸い政府も非正規雇用の方の労働条件の改善には力をいれており、比較的受給できるケースが多いような気がします。

今回ご紹介の助成金は平成26年1月現在の制度であり今後どのようになっていくかわかりませんが、キャリアアップ助成金についてご紹介したいと思います。

その1　正規雇用等転換コース

正規雇用等に転換または直接雇用する制度を規定して有期契約労働者等を正規雇用等に転換等した場合に助成されます。

① 有期契約を正規雇用：1人当たり40万円（30万円）
② 有期契約を無期契約：1人当たり20万円（15万円）
③ 無期契約を正規雇用：1人当たり20万円（15万円）

（　　）内は大企業の額
1年度1事業所10人まで

この制度は要するに、アルバイト・パートさんをこの本のテーマの一つである正規従業員に移行していった時に会社に助成されます。1年で5人該当すればなんと200万円にもなります。

その2　短時間正社員コース

短時間正社員制度を規定して、雇用する労働者を短時間正社員に転換するか、または短時間正社員を新規で雇い入れた時に助成されます。

1人当たり20万円（15万円）　　1年度1事業所10人まで

この制度は要するに、この本で紹介したⅢ型などの短時間正社員制度を実際に導入した会社に助成されるケースもあると思います。

5人該当すれば100万円になります。

その3　人材育成コース

有期契約労働者等に一般職業訓練（OFF-JT）または有期実習型訓練（ジョブカードを活用したOFF-JTを組み合わせた3～6カ月の職業訓練）を行った時に助成されます。

　OFF-JT分の支給額
　　賃金助成；1人1時間当たり800円（500円）
　　経費助成；1人当たり20万円（15万円）を上限
　OJT分の支給額
　　実施助成：1人1時間当たり700円（700円）
　　1年度1事業所当たりの支給限度額500万円

この制度は要するに、アルバイト・パートさんに職業訓練を実施した時にその賃金と訓練の経費の一部が会社に助成されます。1時間800円の助成額は魅力です。

以上キャリアアップ助成金の代表的な制度を記載してみました。私のこの本をここまでお読みいただいた社長さんであれば、アルバイト・パートさんの雇用の内容についても基本的なことはご理解していただいておりますので、この本で紹介した正社員や短時間正社員への転換制度をやってみようとお考えであれば、是非これらの助成金も有効に活用されたらいいのではないかと思います。

もし、やってみようと思われましたら、最寄りの労働局に事前に相談するとか、我々のような専門家に相談されることをお勧めします。事前にキャリアアップの計画の作成・届出

等ありますので、それらのステップを踏んでいないと、折角制度導入したが、ちょっとした勘違いで支給されないということがよくあります。

いかがでしょうか？社長さんアルバイト・パートさんに関係した代表的な助成金を紹介しました。

このように、政府もアルバイト・パートさんの雇用対策には力を入れてくれているのです。

4 パートタイム労働法とはどういうものなのか

社長さんこの節では、これまで学習してきたアルバイト・パートさんの法律の中身を、再学習のつもりで見てみたいと思います。

アルバイト・パートさんを雇用している以上、労働基準法とか、パートタイム労働法を一読していくことは、経営者として重要な取り組みであると思います。

このパートタイム労働法、正式には短時間労働者の雇用管理の改善等に関する法律という名称で、平成5年に施行された法律です。

この本では社長さんに最低限知っておいていただきたい条文と、その条文に私なりに解説を加えましたので、理解していただけるのではないかと思います。

6章 アルバイト・パートさんの正社員への転換について

（目的）

第一条　この法律は、我が国における少子高齢化の進展、就業構造の変化等の社会経済情勢の変化に伴い、短時間労働者の果たす役割の重要性が増大していることにかんがみ、短時間労働者について、その適正な労働条件の確保、雇用管理の改善、通常の労働者への転換の推進、職業能力の開発及び向上等に関する措置等を講ずることにより、通常の労働者との均衡のとれた待遇の確保等を図ることを通じて短時間労働者がその有する能力を有効に発揮することができるようにし、もってその福祉の増進を図り、あわせて経済及び社会の発展に寄与することを目的とする。

　「要するに短時間労働者の福祉の増進と、あわせて社会の発展に貢献するということです。」

（定義）

第二条　この法律において「短時間労働者」とは、一週間の所定労働時間が同一の事業所に雇用される通常の労働者（当該事業所に雇用される通常の労働者と同種の業務に従事する当該事業所に雇用される労働者にあっては、厚生労働省令で定める場合を除き、当該労働者と同種の業務に従事する当該通常の労働者）の一週間の所定労働時間に比し短い労働者をいう。

　「短時間労働者の定義であり、ここにはアルバイト・パー

トとかなどの定義はありません。法律では要するに当該事業所に雇用される通常の労働者より1週間の労働時間が短い者はみなこの短時間労働者に該当するということになってくるということです。」

(事業主等の責務)
第三条　事業主は、その雇用する短時間労働者について、その就業の実態等を考慮して、適正な労働条件の確保、教育訓練の実施、福利厚生の充実その他の雇用管理の改善及び通常の労働者への転換(短時間労働者が雇用される事業所において通常の労働者として雇い入れられることをいう。以下同じ。)の推進(以下「雇用管理の改善等」という。)に関する措置等を講ずることにより、通常の労働者との均衡のとれた待遇の確保等を図り、当該短時間労働者がその有する能力を有効に発揮することができるように努めるものとする。

「事業主は雇用する短時間労働者に対して適性な労働条件、雇用管理の改善、通常労働者への転換などについて、その有する能力を発揮できるように努めなさいということです。ただし、義務にはなっていないわけです。ですからアルバイト・パートさんを必ず正規従業員に転換しなければならないわけではないということです。」

6章　アルバイト・パートさんの正社員への転換について

（国及び地方公共団体の責務）

第四条　国は、短時間労働者の雇用管理の改善等について事業主その他の関係者の自主的な努力を尊重しつつその実情に応じてこれらの者に対し必要な指導、援助等を行うとともに、短時間労働者の能力の有効な発揮を妨げている諸要因の解消を図るために必要な広報その他の啓発活動を行うほか、その職業能力の開発及び向上等を図る等、短時間労働者の雇用管理の改善等の促進その他その福祉の増進を図るために必要な施策を総合的かつ効果的に推進するように努めるものとする。

　「国や地方公共団体にも、短時間労働者の雇用管理の改善とその福祉の促進をするようにつとめなければならないとなっています。先ほどの事業主と同じように努力義務となっています。」

（短時間労働者対策基本方針）

第五条　厚生労働大臣は、短時間労働者の福祉の増進を図るため、短時間労働者の雇用管理の改善等の促進、職業能力の開発及び向上等に関する施策の基本となるべき方針（以下この条において「短時間労働者対策基本方針」という。）を定めるものとする。

　「厚生労働大臣は短時間労働者の福祉の増進のため短時間労働者基本方針を定めるものとなっています。」

(労働条件に関する文書の交付等)

第六条　事業主は、短時間労働者を雇い入れたときは、速やかに、当該短時間労働者に対して、労働条件に関する事項のうち労働基準法(昭和二十二年法律第四十九号)第十五条第一項に規定する厚生労働省令で定める事項以外のものであって厚生労働省令で定めるもの(次項及び第十四条第一項において「特定事項」という。)を文書の交付その他厚生労働省令で定める方法(次項において「文書の交付等」という。)により明示しなければならない。

　「アルバイト・パートさんと雇用契約を締結するときは文書の交付等により明示しなければならないということです。社長さん義務規定が課せられているのです。この本では、サンプルの雇用契約書(96・173頁参照)を掲載していますのでご参考にしていただけたら幸いです。」

(就業規則の作成の手続)

第七条　事業主は、短時間労働者に係る事項について就業規則を作成し、又は変更しようとするときは、当該事業所において雇用する短時間労働者の過半数を代表すると認められるものの意見を聴くように努めるものとする。

　「就業規則を変更するときは、アルバイト・パートさんの意見を聞くように努めなさいとなっています。但し、義務ではありませんので逆にいうと聞かなくても就業規

則は変更できるということです。」

(短時間労働者の待遇の原則)
第八条　事業主が、その雇用する短時間労働者の待遇を、当該事業所に雇用される通常の労働者の待遇と相違するものとする場合においては、当該待遇の相違は、当該短時間労働者及び通常の労働者の業務の内容及び当該業務に伴う責任の程度（以下「職務の内容」という。）、当該職務の内容及び配置の変更の範囲その他の事情を考慮して、不合理と認められるものであってはならない。

　　「平成26年の改正によって新設された条文で、短時間労働者の待遇について定めたもので、職務の内容や責任、配置の変更の範囲などを考慮して、正規従業員との間で不合理となってはならないということです。」

(通常の労働者と同視すべき短時間労働者に対する差別的取扱いの禁止)
第九条　事業主は、業務の内容が当該事業所に雇用される通常の労働者と同一の短時間労働者（第十一条第一項において「職務内容同一短時間労働者」という。）であって、当該事業所における慣行その他の事情からみて、当該事業主との雇用関係が終了するまでの全期間において、その職務の内容及び配置が当該通常の労働者の職務の内容及び配置の

変更の範囲と同一の範囲で変更されると見込まれるもの（次条及び同項において「通常の労働者と同視すべき短時間労働者」という。）については、短時間労働者であることを理由として、賃金の決定、教育訓練の実施、福利厚生施設の利用その他の待遇について、差別的取扱いをしてはならない。

　「ここは重要な条文です。アルバイト・パートさんが通常の労働者とほぼ変わらない労働条件であれば、賃金や教育訓練・福利厚生などに差別的取り扱いをしてはならないとなっています。これは義務規定です。簡単にいうとフルタイムパートの方で、仕事の内容が、正規従業員とほぼ変わらない仕事をしているのであれば、賃金など差別的取り扱いはできないということです。もし、このようなことがあり、パートさんともめて争いになれば、この法律により会社側は負けることになってくると思います。」

（賃金）
第十条　事業主は、通常の労働者との均衡を考慮しつつ、その雇用する短時間労働者（通常の労働者と同視すべき短時間労働者を除く。次条第二項及び第十二条において同じ。）の職務の内容、職務の成果、意欲、能力又は経験等を勘案し、その賃金（通勤手当、退職手当その他の厚生労働省令

で定めるものを除く。次項において同じ。）を決定するように努めるものとする。

　「賃金は通常の労働者との均衡を考慮して決定するように努めなさいとなっています。努力義務です。」

（教育訓練）
第十一条　事業主は、通常の労働者に対して実施する教育訓練であって、当該通常の労働者が従事する職務の遂行に必要な能力を付与するためのものについては、職務内容同一短時間労働者（通常の労働者と同視すべき短時間労働者を除く。以下この項において同じ。）が既に当該職務に必要な能力を有している場合その他の厚生労働省令で定める場合を除き、職務内容同一短時間労働者に対しても、これを実施しなければならない。
2　事業主は、前項に定めるもののほか、通常の労働者との均衡を考慮しつつ、その雇用する短時間労働者の職務の内容、職務の成果、意欲、能力及び経験等に応じ、当該短時間労働者に対して教育訓練を実施するように努めるものとする。

　「職務内容が同一の教育訓練はアルバイト・パートさんにも実施しなさいと義務規定が課せられています。」

(福利厚生施設)

第十二条　事業主は、通常の労働者に対して利用の機会を与える福利厚生施設であって、健康の保持又は業務の円滑な遂行に資するものとして厚生労働省令で定めるものについては、その雇用する短時間労働者に対しても、利用の機会を与えるように配慮しなければならない。

　「アルバイト・パートさんにも福利厚生施設を利用する機会を与えるように配慮しなさいとなっています。」

(通常の労働者への転換)

第十三条　事業主は、通常の労働者への転換を推進するため、その雇用する短時間労働者について、次の各号のいずれかの措置を講じなければならない。

一　通常の労働者の募集を行う場合において、当該募集に係る事業所に掲示すること等により、その者が従事すべき業務の内容、賃金、労働時間その他の当該募集に係る事項を当該事業所において雇用する短時間労働者に周知すること。

二　通常の労働者の配置を新たに行う場合において、当該配置の希望を申し出る機会を当該配置に係る事業所において雇用する短時間労働者に対して与えること。

三　一定の資格を有する短時間労働者を対象とした通常の労働者への転換のための試験制度を設けることその他の通常

の労働者への転換を推進するための措置を講ずること。

「正規従業員を募集するときには、アルバイト・パートさんにも周知したり、一定の資格を有する短時間労働者を正規従業員への転換のための試験制度を設けるとか義務規定になっています。」

(事業主が講ずる措置の内容等の説明)
第十四条　事業主は、短時間労働者を雇い入れたときは、速やかに、第九条から前条までの規定により措置を講ずべきこととされている事項(労働基準法第十五条第一項に規定する厚生労働省令で定める事項及び特定事項を除く。)に関し講ずることとしている措置の内容について、当該短時間労働者に説明しなければならない。

「平成26年の改正によって新設された条文で、事業主は第九条から第十三条までの措置を講ずべきこととされている事項について短時間労働者を雇い入れたときは、速やかに説明しなければならなくなりました。」

(相談のための体制の整備)
第十六条　事業主は、短時間労働者の雇用管理の改善等に関する事項に関し、その雇用する短時間労働者からの相談に応じ、適切に対応するために必要な体制を整備しなければならない。

「平成26年の改正によって新設された条文で、相談・対応を義務化しています。」

（短時間雇用管理者）
第十七条　事業主は、常時厚生労働省令で定める数以上の短時間労働者を雇用する事業所ごとに、厚生労働省令で定めるところにより、指針に定める事項その他の短時間労働者の雇用管理の改善等に関する事項を管理させるため、短時間雇用管理者を選任するように努めるものとする。

「短時間雇用管理者の選任につての定めで努力義務です」

（報告の徴収並びに助言、指導及び勧告等）
第十八条　厚生労働大臣は、短時間労働者の雇用管理の改善等を図るため必要があると認めるときは、短時間労働者を雇用する事業主に対して、報告を求め、又は助言、指導若しくは勧告をすることができる。

2　厚生労働大臣は、第六条第一項、第九条、第十一条第一項、第十二条から第十四条まで及び第十六条の規定に違反している事業主に対し、前項の規定による勧告をした場合において、その勧告を受けた者がこれに従わなかったときは、その旨を公表することができる。

3　前２項に定める厚生労働大臣の権限は、厚生労働省令で定めるところにより、その一部を都道府県労働局長に委任

することができる。

　「厚生労働大臣の短時間労働者を雇用している事業主に対する助言・指導・勧告・公表の定めです。努力義務です。」

（事業主等に対する援助）
第十九条　国は、短時間労働者の雇用管理の改善等の促進その他その福祉の増進を図るため、短時間労働者を雇用する事業主、事業主の団体その他の関係者に対して、短時間労働者の雇用管理の改善等に関する事項についての相談及び助言その他の必要な援助を行うことができる。

　「国は助成金などで、必要な援助措置をとるように努めるものとするなどとなっています。この努力義務でなされた助成金の一つがこの本で紹介したキャリアアップ助成金などです。」

（職業訓練の実施等）
第二十条　国、都道府県及び独立行政法人高齢・障害・求職者雇用支援機構は、短時間労働者及び短時間労働者になろうとする者がその職業能力の開発及び向上を図ることを促進するため、短時間労働者、短時間労働者になろうとする者その他関係者に対して職業能力の開発及び向上に関する啓発活動を行うように努めるとともに、職業訓練の実施に

ついて特別の配慮をするものとする。

「国は短時間労働者になろうとする者に対する職業能力開発及び向上に努めなければならないとするものです。」

（職業紹介の充実等）
第二十一条　国は、短時間労働者になろうとする者がその適性、能力、経験、技能の程度等にふさわしい職業を選択し、及び職業に適応することを容易にするため、雇用情報の提供、職業指導及び職業紹介の充実等必要な措置を講ずるように努めるものとする。

「国の短時間労働者になろうとする者に対する、職業指導及び職業紹介の努力義務の定めです。」

（苦情の自主的解決）
第二十二条　事業主は、第六条第一項、第九条、第十一条第一項及び第十二条から第十四条までに定める事項に関し、短時間労働者から苦情の申出を受けたときは、苦情処理機関（事業主を代表する者及び当該事業所の労働者を代表する者を構成員とする当該事業所の労働者の苦情を処理するための機関をいう。）に対し当該苦情の処理を委ねる等その自主的な解決を図るように努めるものとする。

「アルバイト・パートさんから苦情があったときは苦情処理機関などに苦情処理をゆだねるように努めなさいと

6章　アルバイト・パートさんの正社員への転換について

なっています。努力義務です」

（紛争の解決の援助）
第二十四条　都道府県労働局長は、前条に規定する紛争に関し、当該紛争の当事者の双方又は一方からその解決につき援助を求められた場合には、当該紛争の当事者に対し、必要な助言、指導又は勧告をすることができる。
2　事業主は、短時間労働者が前項の援助を求めたことを理由として、当該短時間労働者に対して解雇その他不利益な取扱いをしてはならない。

「都道府県労働局長は事業主と紛争があったときは、必要な助言・指導・勧告ができるとなっています」

（調停の委任）
第二十五条　都道府県労働局長は、第二十三条に規定する紛争について、当該紛争の当事者の双方又は一方から調停の申請があった場合において当該紛争の解決のために必要があると認めるときは、個別労働関係紛争の解決の促進に関する法律第六条第一項の紛争調整委員会に調停を行わせるものとする。

いかがでしたでしょうか・ここまで一読していただければアルバイト・パートさんの法律のイメージはご理解していただけたのではないかと思います。

5 日本は労働力不足の時代が目の前にきている。アルバイト・パートさんこそ金の卵

いよいよ最後の節まできてしまいました。私が特に最近ヒアリングするケースとして次のようなお話をよくお聞きします。

町の自動車販売会社の社長

「整備士の募集しているがなかなかこないわ」

友達の社長

「うちも整備士が辞めてしまって、62歳の整備士の方に来てもらっているよ」

このような会話を最近よく耳にします。私は現在の日本は急激な少子高齢化を迎えており、働く若者がどんどん減少してきているように思えてなりません。

大学もだんだん経営が厳しくなってきており、しかも晩婚化がどんどんすすんでおり、私の住んでいる町内もめっきり子供の数が減ってきたものだなとつくづく感じる今日このごろです。

このことは、今後どのような影響を与えるのでしょうか？そうです社長さん仕事があっても働く人間がいないので、仕事ができないといった時代がもう目前にきているのではないかと思います。大企業はブランド力で、優秀な人材を獲得できますが、中小企業はなかなか難しい時代が迫ってきている

6章 アルバイト・パートさんの正社員への転換について

と私は思っています。

　このような時代の流れの中で、この本のテーマであるアルバイト・パートさんの雇用の対策を考えることは、やがてやってくる、求人難の時代に必ず生きてくると思います。21世紀は人を大事にしない企業団体は滅びていくのではないかと私は思っています。そういう意味でも、あなたの会社のアルバイト・パートさんはある意味金の卵ではないかと声を大にして申し上げる次第です。また、この本が日本の雇用全体の約4割を支えるアルバイト・パートさんなどの雇用の改善の一つのキッカケになれば著者としてこの上ない喜びです。

　本当に最後までお付き合いいただき、深く感謝申し上げます。

> **5分ノート**
> 　アルバイト・パートさんの正規従業員への転換制度などは、厚生労働省が応援してくれており、助成金の活用などの取り組みがあります。いずれにしろ、アルバイト・パートさんの雇用の改善は日本経済を活性化させるものであり、ある意味、アルバイト・パートさんは金の卵である。

まとめ

　最後までお読みいただき、大変有難うございました。
　「サッと作れるアルバイト・パートの賃金・退職金制度」について、いくらかイメージを持っていただけましたか？
　実は私は、この本で7冊目になります。2年前「サッと作れる小規模企業の賃金制度」を経営書院様から出版していただきました。その後中小企業の社長さんがアルバイト・パートさんの時給の決め方に悩んでいるお話をお聞きするたびに、なにかお役に立てることができないか、多忙な社長さんでも悩まずに時給をきめられないかとの思いが消えませんでした。このたび、お蔭様でまた経営書院様から出版させていただけることになり感謝の気持ちで一杯です。3年前まで、本を書こうなどと考えたこともありませんでした。また、私は字が下手なので、読むことは億劫ではありませんでしたが、こと書くことには大変臆病でした。
　そんな私が書く決心をしたのは、3年前の開業10年目で、なにか自分に区切りをつけなければならないと決意したのがキッカケです。また、名古屋の私が入塾している、北見塾の北見昌朗先生やその他多くの塾生のかたが本を出版されていることに、刺激をうけたのかもしれません。また、開業時から、尊敬しているランチェスター経営で有名な竹田先生のお

まとめ

話で、自分は大変字がへたくそで文章など一番苦手であったが、人の3倍かけて書いた。そして今ではベストセラーの本もでている。仮に文章が苦手な方は人の3倍かけて書けばいいとの話をお聞きし感動しました。このようなことを通して、今回の出版にいたりました。多くの先生方のご支援があったからこそだと深く感謝申し上げます。

また、出版に関しましてインプルーブの小山社長には大変お世話になり有難うございました。それに、経営書院の編集部のご指導には深く感謝申しあげます。

今回のテーマである、アルバイト・パートさん向けの、賃金・退職金の本が今まで、あまり出版されていなかったので、私でも書けたのではないかと思っています。この本に書かれていることは、同業者の社会保険労務士の方や賃金コンサルタントの方から見れば、三村さんのいう時給の決め方や、退職金制度はおかしいし、そのような形で時給を決めるべきでないとお叱りをうけるかもしれないと思っています。しかし、中小企業の会社であれば、私は、複雑な賃金理論はいらないのではないかと思っています。また、会社がアルバイト・パートさんが何百人もいるような規模の会社に成長してきた時には、やはり賃金コンサルタント等に相談されて、本格的な賃金制度に着手していくべきではないかと思います。この本が、社長様がアルバイト・パートさんにこれまで以上に関心をもっていただき、また金の卵だと思っていただく

キッカケの一つになれば幸いかと思っています。

　いづれにしても、賃金は人間が生活していくうえで、根本的な課題です。この本をお読みいただいた社長さんが、適正な世間相場の時給の水準を理解していただき、アルバイト・パートさんと共に会社が益々発展されることをこころより祈念するものです。

　また、この本を書いて思うことは、現在の政府はアベノミクスということで、会社に賃金の引き上げを要望していますが、私は、日本の労働市場の約4割を占める、アルバイト・パートさんなどの賃金（時給）の上昇こそがもっとも一番に取り組むべき課題の一つではないかとも思う次第です。

　本当に最後までお読みいただき大変有難うございました。

巻末資料

巻末資料

平成25年9月分（10月納付分）からの健康保険・厚生年金保険の保険料額表

- 健康保険料率：平成24年3月分〜　適用
- 厚生年金保険料率：平成25年9月分〜平成26年8月分　適用
- 介護保険料率：平成24年3月分〜　適用
- 児童手当拠出金率：平成24年4月分〜　適用

（東京都）　　　（単位：円）

標準報酬			報酬月額		全国健康保険協会管掌健康保険				厚生年金保険料（厚生年金基金加入員を除く）			
					介護保険第2号被保険者 に該当しない場合		介護保険第2号被保険者 に該当する場合		一般の被保険者等		坑内員・船員	
					9.97%		11.52%		17.120%※		17.440%※	
等級	月額	日額	円以上	円未満	全額	折半額	全額	折半額	全額	折半額	全額	折半額
1	58,000	1,930		63,000	5,782.6	2,891.3	6,681.6	3,340.8				
2	68,000	2,270	63,000 ~	73,000	6,779.6	3,389.8	7,833.6	3,916.8				
3	78,000	2,600	73,000 ~	83,000	7,776.6	3,888.3	8,985.6	4,492.8				
4	88,000	2,930	83,000 ~	93,000	8,773.6	4,386.8	10,137.6	5,068.8				
5(1)	98,000	3,270	93,000 ~	101,000	9,770.6	4,885.3	11,289.6	5,644.8	16,777.60	8,388.80	17,091.20	8,545.60
6(2)	104,000	3,470	101,000 ~	107,000	10,368.8	5,184.4	11,980.8	5,990.4	17,804.80	8,902.40	18,137.60	9,068.80
7(3)	110,000	3,670	107,000 ~	114,000	10,967.0	5,483.5	12,672.0	6,336.0	18,832.00	9,416.00	19,184.00	9,592.00
8(4)	118,000	3,930	114,000 ~	122,000	11,764.6	5,882.3	13,593.6	6,796.8	20,201.60	10,100.80	20,579.20	10,289.60
9(5)	126,000	4,200	122,000 ~	130,000	12,562.2	6,281.1	14,515.2	7,257.6	21,571.20	10,785.60	21,974.40	10,987.20
10(6)	134,000	4,470	130,000 ~	138,000	13,359.8	6,679.9	15,436.8	7,718.4	22,940.80	11,470.40	23,369.60	11,684.80
11(7)	142,000	4,730	138,000 ~	146,000	14,157.4	7,078.7	16,358.4	8,179.2	24,310.40	12,155.20	24,764.80	12,382.40
12(8)	150,000	5,000	146,000 ~	155,000	14,955.0	7,477.5	17,280.0	8,640.0	25,680.00	12,840.00	26,160.00	13,080.00
13(9)	160,000	5,330	155,000 ~	165,000	15,952.0	7,976.0	18,432.0	9,216.0	27,392.00	13,696.00	27,904.00	13,952.00
14(10)	170,000	5,670	165,000 ~	175,000	16,949.0	8,474.5	19,584.0	9,792.0	29,104.00	14,552.00	29,648.00	14,824.00
15(11)	180,000	6,000	175,000 ~	185,000	17,946.0	8,973.0	20,736.0	10,368.0	30,816.00	15,408.00	31,392.00	15,696.00
16(12)	190,000	6,330	185,000 ~	195,000	18,943.0	9,471.5	21,888.0	10,944.0	32,528.00	16,264.00	33,136.00	16,568.00
17(13)	200,000	6,670	195,000 ~	210,000	19,940.0	9,970.0	23,040.0	11,520.0	34,240.00	17,120.00	34,880.00	17,440.00
18(14)	220,000	7,330	210,000 ~	230,000	21,934.0	10,967.0	25,344.0	12,672.0	37,664.00	18,832.00	38,368.00	19,184.00
19(15)	240,000	8,000	230,000 ~	250,000	23,928.0	11,964.0	27,648.0	13,824.0	41,088.00	20,544.00	41,856.00	20,928.00
20(16)	260,000	8,670	250,000 ~	270,000	25,922.0	12,961.0	29,952.0	14,976.0	44,512.00	22,256.00	45,344.00	22,672.00
21(17)	280,000	9,330	270,000 ~	290,000	27,916.0	13,958.0	32,256.0	16,128.0	47,936.00	23,968.00	48,832.00	24,416.00
22(18)	300,000	10,000	290,000 ~	310,000	29,910.0	14,955.0	34,560.0	17,280.0	51,360.00	25,680.00	52,320.00	26,160.00
23(19)	320,000	10,670	310,000 ~	330,000	31,904.0	15,952.0	36,864.0	18,432.0	54,784.00	27,392.00	55,808.00	27,904.00
24(20)	340,000	11,330	330,000 ~	350,000	33,898.0	16,949.0	39,168.0	19,584.0	58,208.00	29,104.00	59,296.00	29,648.00
25(21)	360,000	12,000	350,000 ~	370,000	35,892.0	17,946.0	41,472.0	20,736.0	61,632.00	30,816.00	62,784.00	31,392.00
26(22)	380,000	12,670	370,000 ~	395,000	37,886.0	18,943.0	43,776.0	21,888.0	65,056.00	32,528.00	66,272.00	33,136.00
27(23)	410,000	13,670	395,000 ~	425,000	40,877.0	20,438.5	47,232.0	23,616.0	70,192.00	35,096.00	71,504.00	35,752.00
28(24)	440,000	14,670	425,000 ~	455,000	43,868.0	21,934.0	50,688.0	25,344.0	75,328.00	37,664.00	76,736.00	38,368.00
29(25)	470,000	15,670	455,000 ~	485,000	46,859.0	23,429.5	54,144.0	27,072.0	80,464.00	40,232.00	81,968.00	40,984.00
30(26)	500,000	16,670	485,000 ~	515,000	49,850.0	24,925.0	57,600.0	28,800.0	85,600.00	42,800.00	87,200.00	43,600.00
31(27)	530,000	17,670	515,000 ~	545,000	52,841.0	26,420.5	61,056.0	30,528.0	90,736.00	45,368.00	92,432.00	46,216.00
32(28)	560,000	18,670	545,000 ~	575,000	55,832.0	27,916.0	64,512.0	32,256.0	95,872.00	47,936.00	97,664.00	48,832.00
33(29)	590,000	19,670	575,000 ~	605,000	58,823.0	29,411.5	67,968.0	33,984.0	101,008.00	50,504.00	102,896.00	51,448.00
34(30)	620,000	20,670	605,000 ~	635,000	61,814.0	30,907.0	71,424.0	35,712.0	106,144.00	53,072.00	108,128.00	54,064.00
35	650,000	21,670	635,000 ~	665,000	64,805.0	32,402.5	74,880.0	37,440.0				
36	680,000	22,670	665,000 ~	695,000	67,796.0	33,898.0	78,336.0	39,168.0				
37	710,000	23,670	695,000 ~	730,000	70,787.0	35,393.5	81,792.0	40,896.0				
38	750,000	25,000	730,000 ~	770,000	74,775.0	37,387.5	86,400.0	43,200.0				
39	790,000	26,330	770,000 ~	810,000	78,763.0	39,381.5	91,008.0	45,504.0				
40	830,000	27,670	810,000 ~	855,000	82,751.0	41,375.5	95,616.0	47,808.0				
41	880,000	29,330	855,000 ~	905,000	87,736.0	43,868.0	101,376.0	50,688.0				
42	930,000	31,000	905,000 ~	955,000	92,721.0	46,360.5	107,136.0	53,568.0				
43	980,000	32,670	955,000 ~	1,005,000	97,706.0	48,853.0	112,896.0	56,448.0				
44	1,030,000	34,330	1,005,000 ~	1,055,000	102,691.0	51,345.5	118,656.0	59,328.0				
45	1,090,000	36,330	1,055,000 ~	1,115,000	108,673.0	54,336.5	125,568.0	62,784.0				
46	1,150,000	38,330	1,115,000 ~	1,175,000	114,655.0	57,327.5	132,480.0	66,240.0				
47	1,210,000	40,330	1,175,000 ~		120,637.0	60,318.5	139,392.0	69,696.0				

「アルバイト・パートの賃金の決め方」
「取り組み5か条」

その1　時給単価は職種ごとの世間相場を調べる

その2　世間相場が分かったら、4つの視点①競争相手・競感（世間相場）・②仕入先・経済環境（最低賃金）③社内（自社の賃金）④お客様・顧客観から世間相場よりも上をいくのか下をいくのかそれともとんとんでいくのかを決める。職種ごとにより時給単価は一律。

その3　能力は手当で反映し、出来たか出来ないかの2者選択の考えで決める。時給単価には反映しない。あくまでも月額の手当

その4　勤続年数に対しては、三村式退職金制度・MTSで対応する。

その5　世間相場連動型基本給（時給）は、毎年か2年に一度は見直しをする。

「ステップ1」

賃金センサスのデータの活用事例
　その1　必要な職種別の短時間労働者の1時間当たりの給与額をピックアップする。

賃金センサス以外の職安や民間のデータの活用事例
　その1　必要な職種別の1時間当たりの時給を地元職安の求人票や民間の求人広告雑誌などから拾い出し、最も多いと思われる時給をピックアップする。

「社長は4つの中心で賃金を考える」

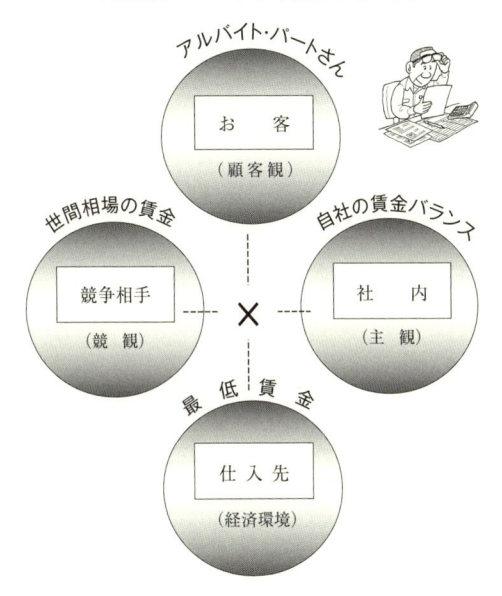

アルバイト・パートさん
お　客
（顧客観）

世間相場の賃金
競争相手
（競観）

自社の賃金バランス
社　内
（主観）

×

最　低　賃　金
仕入先
（経済環境）

「ステップ2」

　賃金センサスのデータ活用の職種別は全国平均であるので、地方の実態にデータを修正する必要があります。そのためこの本では、国の最低賃金の格差の比率で、データを修正することにします。

　石川県の場合ですと全国平均の金額が764円なので石川県の704円との比率704／764＝92.1％でデータを再計算するかたちで世間相場の時給を決めます。

　賃金センサス以外のデータの活用で全国版しかなければ、上記と同じ考えで世間相場を決めます。

「ステップ3」

　世間相場の金額が決まりましたら、賃金の決め方の4つの視点から判断して自社の世間相場連動型基本給を決定します。

「賃金センサス活用の時」

(単位：円)

職　　種	世間相場全国版（＝データからマイナスした額）50円版	○○県版への修正率地方版の時	世間相場地方版	○地元の最低賃金○県	自社の新しい社員の時給単価	自社の世間相場連動型基本給
スーパー販売員（女）						

「その他データ活用の時」

職　　種	世間相場	地元の最低賃金	自社の新しい社員の時給単価	自社の世間相場連動型基本給

「時給・退職金月額単価一覧表」

職種	Ⅰ型	Ⅱ型	Ⅲ型初級	Ⅲ型中級	Ⅲ型上級
	時給	時給	時給	時給	時給
	退職金単価	退職金単価	退職金単価	退職金単価	退職金単価
	氏名	氏名	氏名	氏名	氏名
店員など					

(単位円)

巻末資料

アルバイト・パート労働契約書

契約期間	自平成　　年　　月　　日　至平成　　年　　月　　日　　又は　期間の定めなし	
就業場所		
従事すべき業務の内容		
勤務時間	始業・就業の時刻	
^	休憩時間	時　分　より　　　　時　分まで 　時　分　より　　　　時　分まで
休日	曜日、国民の祝日、その他（勤務時間・休日は業務の都合で変更することがある）	
賃金	給与区分	時給（時給は世間相場と能力により更新時増減変動することがある）
^	基本給	時給　　　　円　　月額見込み　　　　万円
^	諸手当	職能手当　　　　　　円　（毎年見直す） 役職手当　　　　　　円　（役職がなくなると支給しない） 通勤手当　1．全額支給　2．定額支給　　　　円
^	割増賃金率	労働基準法に従い支払う。　実働8時間を超えたら法定時間外25％など
^	社会保険加入状況	社会保険（1日6時間以上勤務かつ月間15日以上勤務のとき） 雇用保険（1ヵ月以上勤務で週20時間以上勤務のとき） 労災保険全員加入
^	有給休暇	労働基準法に従い与える。
^	その他条件	賞与（有・無）　　昇給（有・無）　　退職金（有・無）
^	締切日／支払日	毎月　　　日　締切　／（当・翌）月　　　日　支払
^	有期契約の時の更新条件	無　（更新はしない） 有　（会社の経営状況、本人の能力等を総合的に勘案して、更新することがある）
その他	労働契約期間中に自己都合退職で退職するときはおそくとも14日までに、会社に報告し承諾を得なければならない。会社の従業員としての適格性にかけるときや、就業規則の解雇理由に該当するときは、契約期間中でも解雇することがある。	

　　　年　　月　　日

　　　　　　　　　　　　　労働者　氏名　　　　　　　　　　　　　　　㊞
　　　　　　　　　　　　　　　　　所在地

　　　　　　　　　　　　　事業主　名称
　　　　　　　　　　　　　　　　　氏名　　　　　　　　　　　　　　　㊞

退職金規程
「アルバイト・パートさんの退職金の計算と支払い方」

(適用範囲と考え方)
第1条 この規程の適用には、期間を定めて雇用される者及びアルバイトに適用するものとする。なお、当社の退職金を支給するときは、在職時の功労報償説として支給するものとする。

(退職金の算定方式)
第2条 退職金は加給月額比例方式で、入社からの在職月数に応じて、入社時に定められた月額単価の勤務月数分支給ものとする。月額単価は1,000円から5,000円の範囲内で入社の勤務条件で個人ごとに定めるものとする。

(退職金額)
第3条 当該規程の適用を受けるアルバイト・パートさんが3年以上勤務した場合であって、次の各号のいずれかに該当する事由により退職したときは、入社からの勤務月数に月額単価をかけたものを支給するものとする。

(1)　更新の契約期間満了により退職したとき
　(2)　定年に達したとき
　(3)　業務外の私傷病により担当職務に耐え得ないと認めたとき
　(4)　業務上の私傷病によるとき
　(5)　会社都合によるとき
2　アルバイト・パートさんが、次の各号のいずれかに該当する事由により退職したときは、前項の8割を支給するものとする。
　(1)　自己都合により契約期間中に退職するとき
　(2)　休職期間が満了して復職できないとき

（退職金の減額）
第4条　懲戒処分があった場合には退職金の未支給若しくは減額をすることがある。

（勤続年数の計算）
第5条　第2条の勤続月数の計算は、雇い入れた月から退職の月までとし、1月に満たない端数月は切り上げる。
2　休職期間及び業務上の負傷又は疾病以外の理由による欠勤が1カ月を超えた期間は勤続月数に算入しない。

(退職金の支払方法)
第6条　退職金は、会社がアルバイト・パートさん(アルバイト・パートさんが死亡した場合はその遺族)に支給する。
　　2　退職金の支給は原則社長が直接支給するものとする。

(退職金の加算)
第7条　在職中の勤務成績が特に優秀で、会社の業績に功労顕著であったと会社が認めたアルバイト・パートさんに対し、退職金を特別に加算して支給することがある。

　この規則は平成　　年　　月　　日から施行するものとする。

参考文献

「小さな会社☆社長ルール」　竹田陽一著　フォレスト出版
「なぜ　会社の数字は達成されないのか」　竹田陽一著　フォレスト出版
「小さな会社☆儲けのルール」　竹田陽一／栢野克己著　フォレスト出版
「パートさんに正社員以上の仕事をしてもらう本」北見昌朗著　東洋経済新報社
「退職金制度と積立制度」　三宅直知著　経営書院
「サッと作れる小規模企業の賃金制度」三村正夫　経営書院
「世界最強チェーンを作ったレイ・クロックの５つの教え」中園徹著　日本能率協会マネジメントセンター

参考データ
　厚生労働省　　　賃金構造基本統計調査

著者紹介

三村　正夫（みむら・まさお）

1955年福井市生まれ。
芝浦工業大学卒業後、昭和55年日本生命保険相互会社に入社し、販売関係の仕事に22年間従事した。その後、平成13年に石川県で独立し、開業13年目を迎える。賃金・人事制度や就業規則の作成指導は開業時より積極的に実施しており、県内の有名大学・大企業から10人未満の会社まで幅広く手がける。信念は「人生は自分の思い描いたとおりになる」その他特定社会保険労務士・行政書士など22種の資格を取得

㈱三村式経営労務研究所　代表取締役
三村社会保険労務士事務所　所長
著者に「サッと作れる零細企業の就業規則」「サッと作れる小規模企業の賃金制度」「サッと作れる小規模企業の人事制度」（経営書院）「マンション管理人の仕事とルールがよくわかる本」「誰でも天才になれる生き方・働き方」「熟年離婚と年金分割熟年夫のあなた、思い違いをしていませんか」（セルバ出版）など

サッと作れる
アルバイト・パートの賃金・退職金制度

2014年7月2日　第1版　第1刷発行　　定価はカバーに表示してあります。

著　者　三　村　正　夫

発行者　平　　　盛　之

㈱産労総合研究所

発行所　出版部　経 営 書 院

〒102-0093
東京都千代田区平河町2−4−7　清瀬会館
電話03(3237)1601　振替 00180-0-11361

落丁・乱丁はお取替えいたします　　印刷・製本　中和印刷株式会社
ISBN978-4-86326-175-4